从区块链到元宇宙

单键鑫 ◎ 著

中国商业出版社

图书在版编目（CIP）数据

从区块链到元宇宙 / 单键鑫著. -- 北京：中国商业出版社，2023.2

ISBN 978-7-5208-2323-4

Ⅰ.①从… Ⅱ.①单… Ⅲ.①信息经济—研究 Ⅳ.①F49

中国版本图书馆CIP数据核字(2022)第221066号

责任编辑：包晓嫱

（策划编辑：佟彤）

中国商业出版社出版发行

（www.zgsycb.com 100053 北京广安门内报国寺 1 号）

总编室：010-63180647　　编辑室：010-83118925

发行部：010-83120835/8286

新华书店经销

香河县宏润印刷有限公司印刷

*

710 毫米 × 1000 毫米　16 开　13.5 印张　140 千字

2023 年 2 月第 1 版　2023 年 2 月第 1 次印刷

定价：68.00 元

****

（如有印装质量问题可更换）

"个人电脑 + 互联网"是最早的计算平台，人类借此拿到了进入数字世界的钥匙。在这一阶段，计算文明获得了初步发展，但并不广泛。由于个人电脑价格较高，并不是每个人都有足够的经济实力轻松拥有一台，这就现实地影响了入网硬件的普及。当时，互联网只在一部分人群中普及，比如企业中从事与此工作相关的人员或管理阶层、经济条件较好的中产阶级、教育机构、有一定经济实力又热衷新事物的年轻人等。

"智能手机 + 移动互联网"形成了第二次信息科技浪潮，打开了人类进入数字世界的大门。在这一阶段，计算文明获得了令人惊讶的发展。一系列国产智能手机品牌崛起，更是把智能手机带入了千元时代。一方面是价格越来越平民化的智能手机终端；另一方面是人们稳步增长的收入，这使得人手一部智能手机成为现实，即便是年龄较大的老年群体也基本上都人人拥有一部智能手机，如此大的普及力度，让移动互联网涵盖的范围更广、人员更多。由此，一个基于智能手机的虚拟全民网络基本形成。

今天，我们正处于信息平台的交互升级过程中，VR/AR 等穿戴设备正在取代手机，而下一代的计算平台就是元宇宙。虽然当下元宇宙还处于萌芽阶段，但我们已经能看到第三次计算文明的曙光。

如果说元宇宙即将创造一个崭新的虚拟现实世界，那么区块链技术则是推动元宇宙变得更加规范、公平的重要技术手段。

区块链是去中心化的，它不会受到任何个人或机构的控制，可以为数字产品进行确权，可以让个人隐私得到有效保护，可以使个体的创作成果免于被平台侵占，可以大大降低人与人之间的信任成本，重构人类社会的信任机制……

如今，区块链技术已经在各行各业应用，元宇宙还处于发展的萌芽阶段，但可以预见的是，区块链技术必将大大推动元宇宙的发展。因此，从区块链到元宇宙，还有很长的路要走。

目录

第5章
概览：区块链的应用场景

第6章
催化：区块链与元宇宙

第7章
支撑：元宇宙的虚拟技术

第8章
据实：元宇宙是源于现实的

第9章
共赢：虚拟与现实的共同成长

第10章
发展：未来可期的丰富应用场景

第1章
颠覆：互联网究竟改变了什么？

信息交互的改变与信息泛滥

在远古时代，人的活动地域很小，信息传播主要依赖于人与人之间的直接沟通，单个个体的影响力十分有限，最多可以影响到本部落和邻近部落的人；到了封建社会，马车、驿站等的出现使得人的活动范围扩大了，信息传播除了依赖于人与人之间的直接沟通，人们还可以通过书信等方式进行联系；到了电气时代，广播、电视等的出现让信息传播效率得到了大幅度提高，而这种传播是单向的，缺乏反馈机制。

互联网的出现彻底改变了以往的信息传播方式，人们可以随时随地与任何人进行沟通且能实现即时信息快速交互，信息的传播速度比以往任何一个时期都要快得多。可以说，互联网真正改变了信息的交互方式。

信息交互方式的改变给我们的工作、生活带来了诸多便利，例如，通过视频会议，可以让身处不同地区、不同国家的人在线上实现即时面对面沟通；遇到疑难问题，只要百度一下，几秒钟就可以获得很多解决方法；点击手机上打车的下单按钮后，只要短短几分钟就可以看到接单车辆的相关信息……

　　然而，互联网对信息交互方式的颠覆式和改变在给大众带来便利的同时，也带来了"副作用"——信息泛滥。具体来说，信息泛滥主要有以下 3 种表现。

　　1. 信息的真实性难以辨别

　　互联网发展到今天，网络上已经汇集了海量的信息，而这些信息的真实性却越来越难以辨别。当通过搜索引擎搜索一个问题时，关于该问题的答案五花八门，甚至有些是完全相反的，哪些是正确的、哪些是错误的，哪些是真实的、哪些是虚假的，哪些是权威专业的、哪些是谣言……一切都变得扑朔迷离。随着互联网上信息的不断增加，借助互联网来获取所需信息的成本反而变得越来越高昂。

　　2. 信息的安全性难以保证

　　某酒店涉及 1.3 亿人的信息在暗网上公开叫卖、某航空公司 40 万客户信息泄露……如今，虽然每个人的个人信息都"上网"了，但上传到互联网的信息并不安全。在黑客、犯罪分子的眼中，一部部小小的手机就是一个个装满黄金的仓库，里边装载着我们的位置信息、支付信息、个人照片、工作信息、财产信息、社交关系、家庭情况、消费信息、出行路线等。对于个人来说，网络带来的个人信息安全隐患不容忽视。

　　此外，信息安全隐患也会给企业、政府等社会组织带来难以预知的灾难。英国数据分析企业剑桥分析公司因曾盗用 8 700 万份 Facebook 个人资料最终破产倒闭；脱口秀艺人"池子"公开控诉某银行泄露其个人账户交易信息，致此银行声誉严重受损；美国中情局前职员爱德华·斯诺登爆料"美国棱镜窃听计划"在美国政界引发了轩然大波……

在信息安全问题上，不管是高官政要、巨富商贾还是平民百姓，不管是个人还是企业、政府，没有人可以置身事外。

3. 获取信息变得越趋狭隘

"海量信息"一直是互联网最富有魅力和吸引力的所在，然而伴随着互联网信息呈几何倍数增长，一个诡异的现象出现了，个人只会浏览自己感兴趣的内容，企业只会关注对其有用的信息。在海量的信息中，我们主动且自愿地编织出了一个像蚕茧一样的密闭空间，再也接触不到"信息茧房"之外的信息了。在网络中，每个人都是一个孤岛，每个企业也是一个孤岛，孤岛与孤岛之间的联结变得越来越困难，"夏虫不可语冰"的信息流通困境正在不同的网络空间中上演。

"信息孤岛""数据壁垒""信息茧房"……当诸如此类的词汇越来越多地出现在论坛、知乎等网络社交领域时，互联网孤岛化正在被更多人看见，这是一个令人稍许感到安慰的好现象。

信息趋于透明带来商业变革

在传统商业领域中，某种程度上，盈利的本质约等于"信息差"，利用"信息差"来获得更低的成本，同时把商品卖出更高的价格，这是很多企业的生存之道。

比如，之前人们需要去商场购买衣服，而商场的进货渠道往往需要经过几层代理，每层代理都要对服装进行加价，因而当衣服被我们拿到手里时，其价格比出厂价会高出很多。现在，我们买衣服时不仅可以货比百家，而且价格越来越透明了。我们只需要在京东、淘宝、拼多多等电商平台输入关键词，就会搜索出众多服装并且能够从众多服装中选择性价比高的衣服。

过去，企业做贸易，知道哪里有低价的产品，同时能找到客户，就能赚取产品的差价；今天，由于互联网的普及，信息不对称的情况越来越少，足不出户就可以快速了解全球各地产品的价格、原材料的成本等，这让"中间商赚差价"变得越来越难。

实际上，互联网对信息交互方式的改变也会带来商业上的变革。互联网尤其是移动互联网的出现打破了时间、空间的界限，这意味着原有的时间秩序格局发生了变化，在物理世界和人类社会当中，又出现了一个信息的社会，这个信息社会是不对称的，并基于此而创造了许多的行业。互联网的快速发展让信息变得越来越透明，依靠信息不对称或者信息差而搭建的"商业护城河"正在崩塌，企业与企业之间已经从"图穷匕首见"，发展到了"刀刀见血"的价格战阶段。

商品价格越来越趋近于成本，企业利润越来越趋近于零，在这样的压力下，企业与企业之间的白热化竞争倒逼着整个商业领域进行变革。

互联网的发展重构了今天所有的商业逻辑和商业格局，每一个身处商业世界的企业都在互联网的重构作用下完成了新一轮的技术革新，并大大提升了效率。

（1）供给侧和消费侧出现了新特征、新变化。从供给侧层面来讲，精准性、系统性的特征越来越明显，随着自动化技术的不断发展，供给层面呈现越来越精英化的趋势，价值的产生主要依赖于少数人的创新和创造；从消费层面来讲，随着商品的极大丰富，买方市场成为决定性因素，人们的消费行为呈现越来越模糊的趋势；在供给侧层面，价值链是高度的理性协作，越精确越好，而消费侧的组织形态则呈现灵活快速地团聚和离散，消费侧的组织形态是一种感性协作模式，存在着巨大的模糊空间，人与人之间的关系主导的消费网络和供应链是完全不同的体系，情感因素对于人们购买行为的影响越来越突出。

（2）企业组织形态发生了巨大变化。一人一媒体、一人一公司的现象正在不断地刷新着商业奇迹，一批直播带货"网红"把个人品牌的力量发挥到了极致，成为互联网时代的一种"现象级"商业奇迹。

（3）企业内部的管理方式发生了变革。从聚集到会议室开会到远程视频会议，从纸质文件的签字审批到线上全流程电子审批，从考勤表记录考勤到刷脸打卡、钉钉打卡，从准点上班制度到弹性上班制度，从打印纸制合同到一键生成电子合同、同等效力的电子公章……企业的管理越来越扁平、高效。

（4）企业的营销方式发生了巨大改变。在 2021 年的国际数字营销节上，迪思传媒创始人、董事长黄小川旗帜鲜明地指出："现在的营销要做全链路精细化运营，嵌套短链路直效转化。"随着互联网、移动互联网流量见顶，全链路营销被越来越多的人关注和讨论。所谓"全链路"，就是指用户从对产品或企业有认知到完成交易的整个过程。在以互联网为媒介的这条全链路中，是可以挖掘出关键节点的，企业只需串联关键节点，就能够大幅节约整合的资源。如今，一些走在全链路营销前沿的企业已经开始做全场域和全周期用户触点管理了，这种营销方式更侧重于直效营销，这种营销模式比传统的整合营销更节约成本、更高效，也更精准。

互联网从PC时代到移动时代

迄今为止，互联网在几十年的发展过程中，经历了从 PC 互联网到移动互联网的两次发展浪潮。

业界普遍认为互联网的前身是美国 1969 年投入使用的阿帕网（Advanced Research Projects Agency，ARPA），ARPA 是军事研究的产物，由美国国防部高级研究计划局开发，是世界上第一个数据包交换网络。

在阿帕网第一期投入使用时，其只连接了 4 台计算机，在网络内部，计算机之间可以互联通信。当时，不同的计算机网络之间是不能互通的，直到 1974 年，TCP/IP 协议（互联网各部分通信的标准）诞生了，它定义了在电脑网络之间传递信息的方法。

从阿帕网投入使用时起，计算机就扮演着互联网硬件入口的重要角色，早期的计算机主要是大型机，不但体积大，而且价格高昂，这在一定程度上限制了计算机的普及。到了 1975 年，IBM 推出了首款型号为 5 100 的"便携式"计算机，从此拉开了计算机走向千家万户的普及大幕。

随着技术的不断迭代进步，计算机的体积越来越小、性能越来越高、价格也越来越亲民，购买使用计算机的用户不断增多，互联网也变得越来越有影响力。在 20 世纪 90 年代的中国，计算机通过增加办公文字处理功能的应用，已经成了有实际用途的生产工具。

1. 互联网的 PC 时代

互联网诞生后至 2011 年前后是 PC 时代，当时，互联网的广大用户进入互联网的硬件入口主要是个人计算机，既有台式机，也有笔记本电脑。

在中国互联网的 PC 时代背景下，诞生了不少有影响力的企业，比如凭借搜索引擎技术起家的百度、第三方消费点评网站大众点评、大名鼎鼎的购物网站淘宝网……

PC 时代，中国曾掀起了一股"搭建网站"的热潮，在这一阶段，虽然互联网上的信息更加丰富了，但整体上还是以静态网站展示内容为主，用户获取内容的方式主要是通过搜索引擎来实现，正是因为如此，一时之间，搜索引擎成了事实上的互联网入口，从而涌现出了一大批搜索引擎类产品，如雅虎、搜狗、谷歌等。

虽然这种搜索引擎实现了内容聚合的机制，但存在很明显的缺陷，一是用户分散、难以聚焦、内容创作者与用户无法互动，因而也就难以建立起长期关系；二是信息流通成本较高，竞价排名让各大搜索引擎赚得盘满钵满的同时，也让内容找用户、用户找内容的成本增加了不少。此外，随着互联网内容的不断增加，在海量信息中实现内容找用户、用户找内容的难度也大大增加了。在这一阶段，域名是整个商业的核心，购买域名、抢注域名非常火爆，同时也给用户带来了更高使用成本。

2. 互联网的移动时代

2009 年，智能手机实现了国产化，2012 年以后，智能手机价格不断走低，"千元智能手机"让互联网的进入门槛变得比个人计算机要低得多。一方面，中国人的收入水平不断提高；另一方面，智能手机价格越来越便宜。这就使智能手机得到了快速普及且普及程度、普及率都远远高于计算机。

通过智能手机等移动设备接入互联网的用户很快就超过了 PC 用户，互联网从 PC 时代进入了移动时代。为了抢占移动互联网的用户与流量，很多企业纷纷把目光从搭建运营网站转向开发 App、手机小程序。

中国互联网络信息中心发布的第 49 次《中国互联网络发展状况统计报告》显示，截至 2021 年 12 月，我国网民规模达 10.32 亿人，其中使用手机上网的比例达 99.7%。实际上，早自 2018 年 5 月开始，中国移动互联网的独立设备数量的增速就持续走低，中国全体国民已经基本上实现了人均一台移动上网设备，去掉不宜单独使用移动上网设备的低龄儿童等群体后，部分人群甚至拥有不止一台移动上网设备。移动互联网的新增用户见顶，这已经是不争的事实。

互联网未来：区块链+元宇宙

整个互联网发展到今天，我们已经达成了如下共识：在互联网的 Web1.0 时代，也就是所谓的 PC 时代，互联网的门槛相对比较高，用户必须具备一定的文化水平才可以使用互联网，这一阶段的网民数量也相对较少；到了 Web 2.0 移动互联网时代，用户门槛大幅度降低，既不需要 DOS 命令，也不需要输入网址，更不需要懂英文，什么都不需要，拿手指戳一戳就可以了，即便是文化程度低、思维不够灵活的老人和尚未接受教育、大脑发育不完全的幼儿，也可以轻松、无障碍地学会使用智能手机上网。

20 多年来，中国的互联网行业经历了从 PC 端到手机端的发展，并且已经完成了从互联网到移动互联网的流量跃迁。然而，如今的移动互联网流量见顶，已经进入了发展瓶颈期。更令人沮丧的是，随着中国老龄化社会的到来和新生人口的快速下降，移动互联网的数字版图不仅难以再扩张，还会面临因用户数量萎缩而带来的收缩问题。未来，互联网的发展之路在哪里？怎样才能找到新的增长点？这是每一个互联网人都在深刻思考的难题。

如今，很多人都在热烈讨论互联网未来的 Web3.0 会是怎样的，又会给我们带来怎样的颠覆性改变？

笔者认为，未来互联网 Web3.0 的一个非常重要的核心是安全。对于中国互联网而言，这是一个超预期的时代，当中国网络遇到全球性的数字浪潮，虽然旧问题进入了"大灭绝时代"，但是新问题进入了"寒武纪大爆发"，便利和困境是在同一个时空里发生的。

人工智能、云计算、大数据、虚拟现实、物联网等技术成果的涌现见证着新一轮信息技术革命的爆发，数字时代已经到来，几乎所有领域都在发生着"数字蝶变"。在规模越来越庞大的数字经济中，几乎每一个现实生活中活生生的人都在网络世界中孪生成了一串串数据，因而安全也成了一个互联网发展的伴生问题。

某犯罪团伙因非法控制老年机 330 余万台而被抓捕、Facebook 因用户隐私问题而认领了 50 亿美元天价罚单、某网络平台近 12 亿条用户数据被盗取、某应用 App 在使用高峰期间遭到了境外黑客网络攻击……近年来，随着互联网和移动互联网的快速发展，关于信息安全、网络安全的问题也越来越突出。

信息安全看似互联网上的"虚拟"问题，而其给大众带来的恶劣影响却是现实的、实际的。"电信诈骗"就是伴随着信息泛滥而产生的一种犯罪行为，犯罪分子获取公民个人信息后，依靠其个人信息可以轻松地快速赢得受害人的信任，从而实施诈骗。近年来，政府通过手机号码实名制、三大通信公司骚扰拦截、广泛的反诈骗宣传等方式大力打击了"电信诈骗""网络诈骗"，取得了不错的成效。然而，从本质上来说，互联网的"安全"问题并没有彻底解决。

技术产生的弊端一定能够通过新技术来解决，区块链技术有望彻底解决与互联网伴生的信息安全问题。在区块链中，每一个区块中都保存了一定信息，各个区块按照各自产生的时间顺序连接成链条，该链条会被保存在所有服务器中，一方面区块链中信息难以被篡改；另一方面信息的保存是去中心化的，这使得区块链所记录的信息真实可靠，从而大大降低人与人之间的信任成本。

如今，人与网络的交互主要是通过键盘、鼠标、屏幕等硬件载体，随着虚拟现实、人工智能等技术的快速发展，这些传统的网络硬件入口将会慢慢消失。万物互联后，将处处都是终端面板，使用指纹、虹膜、脸、基因等唯一性的生物特征，智能指环、智能手环、植入式芯片等都可能成为可随时随地使用的智能终端。届时，一个充满"科幻感"的元宇宙时代将会到来。

区块链将解决安全问题，元宇宙将增加用户体验维度，"区块链 + 元宇宙"必然会给互联网带来新的发展可能，帮助互联网和移动互联网摆脱内卷化的负向循环，继而彻底打消用户对信息安全、网络安全等的重重顾虑，从而重新唤起大众对互联网新的兴趣。

第2章
鸟瞰：区块链的
起源与发展

区块链史前时代的技术积淀

本质上来讲，互联网和区块链都是计算文明，支撑着各种各样现象的背后，依靠的是算法，如果将互联网和区块链比喻成一个人，那么算法就是智能化的大脑。在区块链诞生之前，关于算法、密码学等方面的技术已经在悄无声息地缓慢积淀了，这一阶段也被称为"区块链的史前时代"。

纵观人类的整个历史，我们很容易发现一个共性：一种新学说、新技术被提出后，往往并不能立即被普及开来，而是要经过被人质疑、消化、摸索、实践之后，才能被大众广泛接受。比如，对今天的人们来说，"日心说"已经是常识性的知识，而最早提出"日心说"的哥白尼当时却遭到了教会的攻击和大众的质疑，区块链的诞生和发展也同样遵循了这一规律。

2009 年，区块链的"创世块"诞生，这并不是一种偶然，而是区块链史前时代技术积淀的一种必然结果。

1976 年被视为区块链史前时代的元年，这一年发生了两件大事。

一是《密码学的新方向》横空出世，该论文由 Bailey W. Diffie、Martin E. Hellman 两位密码学大师发表，内容方面包含了未来几十年密码学取得的所有新的进展领域，其中包括椭圆曲线算法、非对称加密、哈希等。可以毫不夸张地说，这一论文的发表为整个密码学的发展指明了方向。有了密码学、算法的技术支撑，区块链和比特币的诞生才成为可能。

二是《货币的非国家化》出版，这是哈耶克人生中的最后一本经济学专著。从表面上看，这一专著与《密码学的新方向》丝毫不相干，而今天的比特币等数字货币却完美地将二者结合到了一起，形成了一种新事物。众所周知，自货币诞生以来，一直都是由国家政权发行的，是国家信用的一种具象体现或符号。然而，哈耶克在《货币的非国家化》一书中，提出了一种颠覆性的新理念——非主权货币、竞争发行货币等。可以说，《货币的非国家化》一书是去中心化货币的思想指南，正是有了这种理念的指引，比特币等去中心化的数字币才得以出现。

算法的技术积淀经历了一个缓慢的发展过程。1977 年，Ron Rivest、Adi Shamir、Leonard Adleman 共同提出了 RSA 算法，该算法被公认为目前最优秀的公钥方案之一，在 Windows 等产品内部都有嵌入，可以说这是《密码学的新方向》的自然延续，三人也因此获得了 2002 年的图灵奖。

1980 年,《密码学的新方向》的作者 Martin E. Hellman 的博士生 Merkle Ralf 提出了一种新的数据结构与相应算法——MerkleTree,如今,这种算法主要用于分布式网络中的数据同步正确性校验,比特币中就引入了这种算法并将其用于区块同步校验。

1982 年,拜占庭将军问题的提出标志着分布式计算开始进入实践阶段,与此同时,大卫·乔姆提出了密码学支付系统 ECash,ECash 是密码学货币最早的先驱之一,是密码学、算法运用到货币、支付等相关领域的早期尝试。1985 年,著名的椭圆曲线加密(ECC)算法诞生,至此,现代密码学的理论和技术基础得以完全确立。

经过近 20 年的不断积累,密码学和分布式计算从 1997 年前后开始进入了爆发期。第一代 POW(Proof of Work)算法出现、密码学货币的完整思想破茧而出、点对点分布式网络、哈希算法……

实际上,到了 2001 年前后,不管是在理论上还是在实践上,区块链诞生的所有技术基础都已经被解决了。量变最终一定会引起质变,区块链在比特币中的应用,就是区块链史前时代技术积淀所引发的"质变",是一种必然的发展结果。

区块链"创世块"的诞生

顾名思义，区块链就是由一个个区块组成的链条。区块链中的每个区块都保存了一定信息，这些区块按照各自信息产生的时间顺序连接，最终形成了区块链，这个链条会被保存在所有的服务器中。在区块链系统中，这些保存链条信息的服务器叫"节点"，节点是区块链系统的存储仓库，同时为整个区块链提供算力支持。由于这些保存区块链信息的节点掌握在不同的主体手中，要想修改区块链中的信息就变得极其困难，"数据难以篡改 + 节点的去中心化"使得区块链所记录的信息更加真实可靠。

如今，不少人对区块链都有了比较全面、深刻的理解，也逐渐认识到了区块链技术的精妙之处，那么如此精妙的区块链世界，究竟是从何而来呢？

世间存在的万事万物并不是恒久存在的，而是有生就有灭、有始就有终，都经历了一个从无到有的过程，区块链也不例外。

追根溯源，区块链从无到有的标志性事件是"创世块"的诞生。创世块，也被称为"块 0"，是比特币区块链的原始块，也是所有其他区块构建的基础。

2009 年，中本聪创建了区块链中的第一个区块，也就是创世块，它是区块链中所有区块的共同祖先，换句话说，没有创世块，就没有区块链。如今，我们从区块链中的任意一个区块循链向后溯源，最终都会到达创世区块。

从技术角度来说，创世块的组件包括哈希、Coinbase、块奖励和时间戳。

1. 哈希

哈希是算法的加密输出，有一个固定的长度，在区块链中扮演着十分重要的角色，其输入是一系列数字和字母，创世块的哈希比早期块所需的十六进制零多包含了两个前导零。

2.Coinbase

Coinbase 是生成事务输入中的内容，这里所说的"生成事务"与常规事务并不相同，因为它不需要任何事务。Coinbase 中的数据不仅可以是任何东西，还可以创建新币并生成任意数据。

创世块的 Coinbase 引用了《纽约时报》2009 年发表的一篇文章的标题，这条信息写道："根据《泰晤士报》报道，2009 年 1 月 3 日，财政大臣正处于对银行进行第二次纾困的边缘。"

中本聪为什么会在创世块的原始数据中写入这一信息呢？伴随着比特币的火爆，很多人都产生了这样的疑问。不少人认为，这是比特币的使命宣言，因为在中本聪的设想中，比特币和其他货币都不同，比特币没有中介机构，也没有公司支持，而是使用区块链技术的数字货币。

3. 块奖励

块奖励是指矿工成功破解一个区块后所获得的奖励，中本聪在创建创世块时，放置了 50 个比特币作为回报，但这 50 个比特币并不能被交易或消费，至于中本聪如此设计的初衷已经成为难以被破解的一个谜题。

4. 时间戳

当挖掘器成功地挖掘一个块时，会给它一个 Unix 时间戳，它将每个块散列地与其他块区分开来。时间戳可以有效地增强区块的安全性，从而使得没有人能够操纵区块链，继而充分保证了区块链信息中的真实性、安全性、可靠性。

区块链的"创世块"是中本聪花费 6 天时间挖掘出来的，它的诞生开启了一个属于"比特币"的新时代。

中本聪开启比特币时代

2008 年 11 月，在一个隐蔽的密码学讨论组中，一位自称中本聪的人发表了一篇研究论文——《比特币：一种点对点的电子现金系统》，该论文主要描述了他设计的一种新的数字货币。他在论文中这样写道:"一个真正点对点的电子现金系统使我们可以直接进行点对点的转账,而无须经过中间的金融机构……我们提出了一种点对点网络……这个网络通过将转账记录进行 Hash 运算的方式打上时间戳并将其串连起来,从而建立了一个无法被改变的转账记录账本。通过这种方式建立的记录链条,不仅是一笔笔转账记录的凭据,同时也代表了其背后计算资源的消耗。攻击者只有在拥有超过一半计算资源的情况下,才有可能篡改此账本。运行该网络只需要最简单的结构,网络中的消息传播尽可能地覆盖到每一个节点。同时,各个节点都可以随时接入或者离开这个网络,在重新接入时,接受最长的那条转账记录链条即可。"

中本聪在论文中,详细地描述了要如何创建一套去中心化的电子交易体系,并将这种数字货币命名为"比特币"。这位至今难寻踪迹的比特币之父很快就将自己的设想进行了实践。2009 年 1 月 3 日,中本聪开发出了首个实现比特币算法的客户端程序,并借助该程序进行了首次"采矿",获得了第一批 50 个比特币,这标志着比特币金融体系的正式建立。

区块链中的"创世块"是比特币生产的监管者,中本聪在其中设立了"比特币总数永远不会超过 2 100 万"的规则,一个属于比特币的时代来临了。

比特币诞生之初,其价值并不高,2010 年 5 月,1 万比特币的价值是 25 美元,也就是说全部比特币 2 100 万的总价值也只有 5 万美元。

2010 年 9 月，第一个矿场 Slush 发明了多个节点合作挖矿的方式，他们认为，比特币在未来很可能会与真实货币相兑换，是具有无限增长空间的虚拟货币。在这样的认知下，"挖矿"无疑具有了非常诱人的吸引力，第一个矿场 Slush 成了比特币挖矿行业的第一个"淘金者"。

2011 年 4 月，比特币官方正式记载了第一个版本——比特币 0.3.21版本发布，尽管在今天看来，这个版本非常初级，但在比特币发展的历史上，有跨时代的重大意义，正是这个初级版本，才让比特币开始真正地进入了大众视野，从而使得每个人都可以参与比特币的交易。在该版本诞生之前，比特币只是专业技术人员的"玩物"或"成果展示"，从整个社会的角度来看，并没有进入实践与应用层面，而第一个版本的出现让比特币有了形成巨大市场空间的可能。

到了 2013 年，比特币 0.8 版本横空出世，该版本优化了网络通信、完善了比特币节点的内部管理，这使得比特币具备了支持全网大规模交易的能力。可以说，这一版本已经在某种程度上实现了中本聪设想的电子现金，从而让比特币真正产生了影响全球的巨大力量。

此后，比特币被越来越多的人熟知，越来越多的人纷纷加入了比特币的金融体系之中，并参与比特币的挖矿、交易等。尽管世界各国对待比特币所持的态度不同，但随着比特币搭建的金融体系不断趋于成熟，这已经成为所有人的共识。

以太坊：区块链2.0

比特币开创了从政权货币到去中心化密码货币的新时代，如果我们把比特币看作区块链 1.0 的话，那么以太坊就是区块链 2.0。尽管比特币构建了一个完整的金融系统，但是实际上它并不完美。

本质上，比特币的区块链是一套分布式的数据库，但在这一数据库中，只有一个符号——比特币，如果用户想定义其他符号，比如公司股票、债务凭证等，那么比特币网络是不支持的。也就是说，比特币的区块链有一个大缺陷——协议的扩展性不足。此外，比特币协议使用的是基于堆栈的脚本语言，不足以支持像去中心化交易所等更高级的应用，这是比特币网络的另一个重大缺陷。

2013 年至 2014 年，俄罗斯程序员 Vitalik Buterin 受到了比特币启发，提出了"以太坊"概念，意即"下一代加密货币与中心化应用平台"。以太坊所涉及的目标就是区块链 2.0，在 Vitalik Buterin 的设想中，以太坊将是一个全球范围内的分布式计算机，具备完美的路线图与系统结构。

以太坊在设计上，主要遵循了以下四大原则。

1. 简洁原则

与比特币协议相比，以太坊协议更简单、简洁，用牺牲数据存储和时间上的效率来遵循简洁原则，其目的是降低门槛，让每一个普通程序员都可以完美地去实现完整开发。以太坊对所有人开放协议，这意味着其拥有更加广阔的应用场景。此外，简洁原则还可以有效降低任何精英团体和特殊个人可能会对协议产生的影响。在以太坊协议中，进行复杂性的优化是不被接受和允许的。

2. 通用原则

与比特币的区块链相比，以太坊为用户提供了一个可扩展的脚本语言，任何用户都可以使用以太坊提供的内部图灵完备的脚本语言去构建自己所需要的智能合约或交易类型，只要可精确定义就能实现。没有"特性"、广泛"通用"是以太坊设计中的根本性原则，在以太坊协议中，即便你想建立一个天网，只要积极去行动，就皆有可能实现，这也是以太坊区块链 2.0 更具吸引力的重要原因之一。

3. 模块化原则

为了在开发过程中，能够更容易地对协议做小改动，同时保证应用层在不加改动的情况下可以正常运行，以太坊的设计遵循模块化原则，其不用的部分被尽可能设计为模块化的、可分的，这种最大程度的模块化不管是对于以太坊自身还是对于整个加密货币的生态系统，都是非常有益的。

4.无歧视原则

与比特币网络相比，以太坊在可扩展性方面做出了很多改进，无歧视原则就是其具体体现。以太坊协议既不主动限制特定的用法或类目，也不阻碍任何用法和类目，更不反对特定的、不受欢迎的应用，同时协议中的所有监管机制也被设计为直接监管危害。只要愿意支付相应的交易费用，任何人都可以在以太坊中运行自己想要的脚本，哪怕是一个无限循环的无意义脚本，也可以在其中运行。

以太坊是一个开源的、有智能合约功能的、公共的区块链平台，它通过专用加密货币，也就是以太币，为用户提供去中心化的以太虚拟机，从而用来处理点对点合约。

简单来说，以太坊就是一个为用户提供各种各样模块的平台，从而方便用户搭建自己所需要的应用。如果说搭建应用是建造房屋，那么以太坊提供的模块就是地板、墙壁、屋顶等拼装式模块，用户只需像搭积木一样操作，就可以搭建好属于自己的应用，可以说，这种模块化的设计结构不仅大大降低了搭建应用的成本，还有效提升了搭建应用的效率和速度。此外，以太坊的智能合约能提供的业务是没有边界的，想象有多丰富，舞台就有多大，图灵完备的语言为广大用户提供了充分的自由度。也正因为如此，以太坊一经诞生，就迅速发展成为影响全球的仅次于比特币的存在。

比特币：从疯狂到没落

比特币、以太币、瑞波币、艾达币、莱特币、新经币、恒星币、达世币、露娜币、狗狗币……去中心化密码币的币种繁多，"炒币""币圈"早已经不是新鲜事，即便是从未深入接触过此类币的普通大众，也普遍听说过比特币、币圈、炒币等。

作为所有去中心化数字币的始祖，比特币数字的发展经历了一个从萌芽到疯狂再到没落的过程。

2009 年 10 月，在比特币诞生不到一年时，历史上第一个比特币汇率诞生了。当时，1 309.03 比特币的价值是 1 美元，比特币与现实货币有了确定的汇率，部分看好比特币发展的人认为，未来使用比特币进行实际购买是迟早的事。

2010 年 5 月 22 日，是比特币发展史上里程碑的一天，一个美国佛罗里达州的程序员在比特币论坛上通过发帖表达了自己想使用 10 000 比特币换取几块披萨的意愿，一位网友与他达成了交易，这是去中心化密码币第一次实现币与物的交换。此后，每年的 5 月 22 日就成了币圈的"比特币披萨日",这一交易开启了比特币走向繁荣的大门。

2010 年,第一个比特币交易所出现了,比特币进入了升值的快车道。截至 2010 年 11 月,比特币的市值首次超过了 100 万美元。越来越多的人开始了解比特币、投资比特币。比特币在超过 1 美分之后,出现了令人不可思议的上涨,到 2011 年 2 月,1 比特币的价值居然涨到了 1 美元。一大批"淘金者"蜂拥而至,从而进一步推动了比特币的升值,到了 2011 年 6 月,比特币价值迅速超过了 30 美元。

在专业矿机出现前,比特币运行系统中,一台普通的笔记本电脑就可以扮演"挖矿"角色,每个人都可以通过电脑来开采比特币,每个开采比特币的人的开采效率都是一样的,而 Asic 矿机的诞生却打破了这种公平。

"烤猫"造出的 Asic 矿机的挖矿能力比当时市场上的矿机高出数倍,凭借开采比特币的高效率,在短短三个月内就狂赚 2 亿元人民币,公司股票上涨了 50 多倍。"一夜暴富"的现实例子刺激了无数创业者、投机者、淘金者的神经,在巨大的经济利益驱使下,一大批"矿场"如雨后春笋般发展起来,开采比特币的"矿工"也越来越多。在比特币发展最为狂热的时期,其价格涨幅达到了惊人的 1 900%,1 比特币在最高峰时涨到了 19 875 美元。

2013 年 12 月 6 日,我国央行联合五部委下发了《关于防范比特币风险的通知》,否定了比特币的货币属性。2017 年 9 月 4 日,中国人民银行等七部委明确了"融资主体通过代币的违规发售、流通向投资者筹集比特币、以太币等所谓'虚拟货币'，本质上是一种未经批准的、非法公开融资的行为，涉嫌非法发售代币票券、非法发行证券以及非法集资、金融诈骗、传销等违法犯罪活动"。

2019 年 1 月 11 日，国家互联网信息办公室发布了《区块链信息服务管理规定》，明确要求：区块链信息服务提供者不得利用区块链信息服务从事法律、行政法规禁止的活动或者制作、复制、发布、传播法律、行政法规禁止的信息内容；对违反法律、行政法规和服务协议的区块链信息服务使用者，应当依法、依约采取处置措施。

随着一系列政策的出台，中国的比特币发展逐渐降温。高收益的背后是高风险，在比特币市值疯狂上涨的背后，其跌幅也十分惊人，比如 2017 年，比特币从最高峰的 19 875 美元一路跌到 3 000 美元左右，加之各类币种的出现也瓜分了比特币的市场。

区块链大航海时代到来

比特币的快速发展和在世界范围内的广泛影响力不仅让密码学货币这一概念逐渐被大众了解，还大大促进了区块链技术的发展。尽管比特币在中国的发展走向了没落，但区块链技术被越来越广泛地运用到了各行各业。可以说，比特币开启了区块链的大航海时代。

从本质上说，区块链是一个共享数据库，存储于其中的数据或信息具有"不可伪造""全程留痕""可以追溯""公开透明""集体维护"等特征，区块链技术的这些优点或者说特性注定使其具有比比特币更广泛、更深入的价值。

简单的时间发展轴早已经不足以描述区块链的大航海时代，这个崭新的时代有着崭新的、更广阔的、更立体的、更多元的概貌，我们可以从以下四个维度来深入了解和分析区块链带来的新气象。

1. 技术维度

区块链与比特币可以说是一对"双胞胎"，在比特币诞生之初，区块链技术也处于比较粗糙的原始阶段。随着以太坊、Corda、ZCash 等的兴起，区块链技术也在实践中得到了不断完善，并不断进步。如今，区块链技术已经日渐成熟，其算力也越来越强大。可以预见的是，随着5G网络、人工智能、超级计算机等技术的发展，区块链的算力还将呈现几何倍数的增长，区块链技术也必然会更上一层楼。

2. 行业维度

当前，区块链技术的应用早已不仅仅局限于密码学货币行业了，而是涉足了越来越多的行业。在全球范围内，从证券、保险到票据、存证，从供应链、溯源到知识产权等，区块链技术都已经进入了实践阶段，并且有了 POC 的成功案例。已经有越来越多的企业、机构、个人等充分认识到了区块链技术的价值，并纷纷建立自己的区块链项目。区块链技术在各行业的应用正处于爆发的前期，未来它将进入各行各业，并用技术的力量重构各行业的商业逻辑。

3. 政府维度

有些人看到我国政府否定了比特币的货币属性，就片面地认为与比特币"一母同胞"的区块链技术也会前景黯淡。实际上，这种认识未免过于"保守"。虽然否定了比特币，但我国政府已经充分认识到了区块链的技术价值，并积极下发了规范区块链的相关文件，还借助区块链技术发行了数字人民币。

4. 社会维度

今天的区块链技术早已不是一个依附于比特币、以太坊等数字货币的技术了，而是发展成了一项独立的技术。不管是在程序员、专业论坛上，还是在学术领域，"区块链技术"都是一个高频词，尤其是一些咨询机构、创业项目、互联网精英人士都非常喜欢使用区块链的概念。可以说，区块链技术已经在整个社会形成了更加多元化、更加广泛、更加深入的影响力，成为社会舆论不可或缺的组成部分。

哥伦布发现新大陆，从而拓展了人类社会的物理空间，自此开启了一个大航海时代。区块链技术与哥伦布发现新大陆一样，具有划时代的重要意义，它将扩展人类社会的"数字空间"，这在人类发展史上都将是里程碑式的存在。区块链技术就好比是哥伦布用于远航探险的船只，借助区块链技术，每个人可以沿着不同的方向去往不同的地方，也必将收获不一样的结果。

区块链技术的成熟与应用

"滴水不成海，独木难成林"，一项技术的成熟必然不会是小范围的、孤立的。在比特币诞生之初，区块链技术与比特币是紧紧捆绑在一起的，除此之外，没有其他的"用武之地"，区块链技术的小范围、孤立式运用，在侧面也说明了这一技术在当时是不成熟的。如今，区块链已经从一种技术成长为一种生态。

从全世界范围内来看，区块链技术已经成为联合国、国际货币基金组织、不少国家政府的重点关注对象，主要体现在不少国家、地区、组织先后发布了关于区块链的发展规范、要求、报告等。也就是说，区块链技术已经赢得了很多国家政权的接受和认可，这是区块链技术走向成熟并进入广泛实践阶段的一个重要信号。

从应用领域上来看，区块链技术早已不再是密码学货币行业的"独家技术"，而是在各行各业都"开花结果"了，在金融领域、供应链领域、征信管理、身份认证以及公益慈善、物联网等领域，我们都可以看到区块链技术的身影，如果一项技术在不同行业获得了广泛的应用，那么毋庸置疑，这项技术一定是已经成熟或趋于成熟的，这是其获得广泛应用的基础和前提。

从市场情况来看，区块链的产业规模正处于爆发增长期。从 2012 年开始，全球区块链企业数量呈井喷式增长，其复合增长率超过了 65%。市场调研机构国际互联网数据专用通道（IDC）发布的《2021 年 V1 全球区块链支出指南》对区块链的市场规模进行了预测，报告显示：2024 年，全球区块链市场将达到 189.5 亿美元，中国区块链市场规模有望在 2024 年突破 25 亿美元。蓬勃发展、快速增长的市场标志着区块链技术已经开始进入了成熟期和爆发期。

随着区块链技术的日趋成熟，其应用也变得越来越广泛。区块链技术的第一个成功应用是比特币，可以说，金融领域是最早应用区块链技术的领域，同时也是其技术发展的"大本营"。基于此，区块链技术在金融行业的应用更加深入，从数字货币到证券交易，从跨境支付到财产的注册认证，从保险到票据、存证，其背后都有区块链技术的影子。

在供应链领域，区块链技术的信息难以被篡改、真实可靠的优点，得到了充分发挥。通过应用区块链技术，供应链中的每个企业都可以建立一个永久透明地记录运营信息的可分散的分类账，将供应链上所有的相关利益方都纳入了同一个管理平台，不仅使管理流程变得可信透明，而且在整个供应链中创建了真正的可追溯性，从而有效防止了价格欺诈、付款延迟、运输延迟，同时省去中间商并有效地降低了交易费用。

在制造业领域，区块链技术正在助力工业4.0。在生产过程中，区块链技术可以记录生产过程中的每一步，以方便消费者或终端用户对商品进行溯源，从而更好地保证商品的品质。此外，工业物联网与区块链网络的协同还可以大大提升效率，从而更精准地控制整个生产过程与运输过程。

....

当前，区块链技术的应用正在不断丰富，越来越多的公司在不断尝试更多可能。值得一提的是，尽管区块链技术已经趋于成熟，但并不意味着它是完美的，区块链在共识算法、隐私保护、体系结构、智能合约、跨链交易等方面依然存在着技术上的不足，某种程度上，这些技术上的不足也制约着区块链行业的发展。总的来说，区块链行业要想获得长久健康的发展，未来就必须实现关键技术突破，并持续完善其理论与技术。

区块链行业迎来高速增长期

区块链是智能合约、分布式网络、加密技术等多种技术集成的新型数据库软件，作为新一代信息技术不可或缺的组成部分，区块链有望借助其不易篡改、数据透明、可追溯等技术优势解决网络空间中存在的安全问题，同时降低信任成本，从而推动互联网朝着一个崭新的方向快速发展，进而重构信息产业体系，并推动数字经济不断走向繁荣。

"未来10年区块链产业将处于最好的发展时期"，这已经成为相当一部分区块链行业人士的共识，区块链行业迎来了高速增长期。

2021年，工业和信息化部、中央网络安全和信息化委员会办公室联合发布了《关于加快推动区块链技术应用和产业发展的指导意见》，明确了区块链未来的发展目标：到2025年，区块链产业综合实力达到世界先进水平，产业粗具规模；到2030年，区块链产业综合实力持续提升，产业规模进一步壮大。区块链与互联网、大数据、人工智能等新一代信息技术深度融合，并在各领域实现普遍应用。

近年来，数字经济已经逐渐成为我国经济社会发展的重要引擎，大力发展数字经济已上升为国家战略，并写入了"十四五"规划。当前，我国数字经济发展势头较好，2021 年全球数字经济大会的统计数据显示，我国数字经济规模已连续多年位居世界第二。

作为数字经济的重要技术支撑，在新一轮的技术浪潮中，区块链技术扮演着非常重要的角色。从宏观角度来看，在国家战略和数字经济迅猛发展的大背景下，区块链行业所处的发展环境是非常适宜的。

只要有需求、有市场，就会有强大的牵引力。之所以说区块链行业迎来了高速增长期，其中一个重要原因就是，各行各业已经爆发了对区块链技术的海量需求，这必将刺激区块链行业规模的进一步扩大，从而促进区块链技术的继续升级。

在金融领域，2021 年 6 月，第一笔"链上"数字人民币工资代发在雄安新区完成，春季造林项目的建设者们领到了"数字人民币"工资，"区块链 + 数字人民币"的应用已经落地并进入了推广期。

在商业领域，越来越多的基于区块链技术的产品正在走进市场，扫码即可溯源种植、管理、采收到运输的一系列生产过程的有机食品，也可用于后厨、消防、危废品巡检的软硬一体化智能巡检产品……

在政务领域，早在 2020 年，区块链在北京政务方面落地的应用场景就多达 140 个，其中包括数字身份、工商注册、电子票据、电子存证等。区块链技术的应用有效减少了材料，大大提升了政务服务效率，"足不出户线上办事""最多跑一次"让很多民众和企业受益……实际上，借助区块链技术来提高政务服务水平的并不仅限于首都北京，深圳、上海等大城市，各类中心城市都在积极推动"政务上链"。

　　然而，区块链行业的高速增长也凸显了区块链技术人才的不足。作为架构性创新技术，区块链对从业者的要求较高，相关从业者不仅要掌握计算机技术，还要掌握密码学等多种专业技术知识。为了补齐人才的短板，不少高校都在积极推动区块链专业课程教育。根据人民网区块链研究院的统计数据，清华大学、复旦大学、浙江大学、同济大学、西安电子科技大学等 30 多所高校均已推出了区块链课程。

　　在区块链技术趋于成熟的大背景下，宏观上有国家政策上的鼓励支持，微观上有旺盛的市场需求，再加上对区块链技术人才的培养，可以预见，区块链行业必将迎来产业规模爆发式增长的时期。

第3章
精进：区块链技术及其特点

区块链的基本原理

在区块链已经逐渐应用到物流、金融、虚拟艺术品等多个领域的今天，区块链这一概念似乎有些被"神化"了，甚至一些外行人也很主观地认为各行各业都可以应用区块链技术，目前这样一种在互联网领域最前沿的技术，诚然带来了新改变，但对于大多数人来说，它像一个黑盒子，大多数人只知道区块链的特性和好处，却并不了解其基本原理，也不清楚它到底是如何实现其功能的。

从狭义上说，区块链是一种链式数据结构的分布式账本，是由数据块按照时间顺序相连的方式组合而成的，采用密码学方式来保证数据不可篡改和不可伪造。从广义上说，区块链技术是利用分布式节点共识算法来生成和更新数据、利用块链式数据结构来验证与存储数据、利用密码学的方式来保证数据传输和访问的安全、利用由自动化脚本代码组成的智能合约来编程和操作数据的一种全新的分布式基础架构与计算方式。

我们可以这样通俗地来理解区块链技术原理：数据库就像是一个账

本，读写数据库就是一种记账行为，区块链的技术原理则是找出记账最好、最快的人，并由他来记账，记账后的信息会发送给整个系统里的人，每个人都可以看到该记账信息，且每个人只能更改自己系统中的记账信息，却很难让全部人都更改信息，如此就实现了"信息不可篡改"的功能。

以"比特币区块链"为例，当一笔新的交易由某个钱包或节点产生时，那么这笔交易需要被传送到其他节点进行验证，只有验证顺利通过，交易才能最终达成。

从实际技术的操作层面上说，比特币区块链中的交易资料首先会通过数位签章进行加密，这是为了保护交易资料的安全性，避免交易资料泄露；其次，交易资料会由 Hash 函数得出一串代表此交易的唯一 Hash 值，所有交易资料的 Hash 值都是唯一的，即便是样本足够多，也不存在重合的情况，这就充分保证了交易资料的可信性；最后，再将这个 Hash 值广播（Broadcast）给比特币区块链网络中的其他参与节点，经过其他参与节点验证后，交易达成。

总的来说，区块链的基本原理比较抽象，对于没有计算机或互联网专业基础的人来说，理解起来会有些困难，通过实例来理解区块链原理是一个比较好的方法。

区块链的整体架构

区块链发展到今天，虽然已经出现了多样化的架构，但"万变不离其宗"，实际上，今天多种多样的架构模型在本质上都是从区块链的基础架构模型发展演变而来的。

区块链的基础架构模型并不复杂，一般来说，整个区块链系统从下至上主要是由数据层、网络层、共识层、激励层、合约层和应用层共同组成的，如图 3-1 所示。

图 3-1 区块链基础架构模型

1. 数据层

顾名思义，数据层主要是封装了底层数据区块以及相关的数据加密和时间戳等。数据层是整个区块链架构中的最底层，也是区块链实现一切功能的基础。如果说区块链是一座高楼大厦，那么数据层就是其埋在地下的最稳固的地基。数据层主要的功能有两个：一是存储相关数据，数据存储是基于 MerkleTree，通过区块的方式和链式结构来实现且能够实现数据库的永久化；二是账户和交易的实现与安全，数字签名、Hash 函数、非对称加密等多种密码学算法和技术能够很好保障交易的安全。

2. 网络层

网络层主要包括 P2P、数据传播机制和数据验证机制。网络层的主要功能是实现网络节点的连接和通信，区块链网络层的通信技术与有中心服务器的中央网络系统有本质上的不同，这是一种点对点的通信技术，没有中心服务器，其连接和通信是通过用户群交换信息的方式来实现的。在区块链整个系统中，每个用户端都是一个节点，同时扮演着服务器的角色，且每个节点都是对等的，这就使得区块链具备了去中心化的特点。

3. 共识层

共识层主要是封装了网络节点的各类共识算法。共识层的主要功能是成功使区块链系统中所有节点对数据和交易达成一致，区块链是去中心化的，只有所有节点对交易、数据达成共识，才能够实现交易，同时防范他人的攻击，共识层是整个区块链架构中的共识机制所在。

4. 激励层

激励层把经济因素引入了区块链的体系，主要是封装了经济激励的发行机制和分配机制。以以太坊为例，其激励层主要是以太币的发行和分配机制，以太币可以通过挖矿获得，每挖到一个区块，就可以获得5枚以太币的奖励。此外，发送交易和运行智能合约也要向旷工支付以太币。

5. 合约层

合约层主要包括各类脚本、算法和智能合约等。简单来说，智能合约就是用数字形式定义的承诺，当预先设定好的条件被触发时，智能合约就会执行相应的合约条款。合约层是区块链具有可编程特性的基础，赋予了账本的可编程特性。在合约层，智能合约接口可以允许我们在智能合约上添加与用户交互的界面，可以说，合约层是整个区块链运行规则的核心。

6. 应用层

应用层主要封装了编程语言、编程接口、UI界面等，简单来说，应用层包含了区块链的各种应用场景和案例。比特币、以太币等虚拟代币、数字藏品交易、物流溯源系统等随着区块链技术在各行各业的广泛应用，其应用层也呈现了百花齐放的多样性特征。

区块链的运作逻辑

从整体上来说，区块链的运用主要是通过 5 步完成的：一是新交易创建，二是交易通过 P2P 网络传播，三是交易验证，四是验证结果通过 P2P 网络传播，五是将交易写入账本。

具体来说，我们可以通过一笔交易来深入地理解区块链的运作逻辑和运作流程。

1. 新交易创建

假设 A 和 B 之间要发起一笔新交易，A 发出创建新交易的请求，在区块链系统中，创建新交易的请求信息会承载于一个区块中，这个区块会被广播给系统中的所有用户 / 所有节点。各节点会将数笔新交易放进区块，同时每个节点会把数笔未验证的交易 Hash 值收集到区块中。区块链中的区块容量是比较大的，每个区块可以包含上千笔交易。当所有用户都验证同意后，承载新交易的区块就会被添加到主链上。区块链的主链在本质上就像一个全球账本一样，不仅拥有永久的交易记录，而且这个账本是透明可查的，每一个区块链系统中的人都可以随时查找。

2. 决定由谁来验证新交易

在区块链的运作中，这一过程是以计算为结果导向的。系统会找出最快算出结果的节点，并由其来验证交易。在区块链的整体架构中，其共识层就是决定由谁来验证新交易的核心机制。取得了验证权的节点会把承载了新交易的区块广播给所有节点，待各节点验证后，就可以接上新区块，接着其他节点会确认该区块所包含的交易是否有效，当确认其有效并数位签章后，区块链才会接受该区块。这时，承载了新交易的区块才算是正式接上区块链，同时无法再篡改资料。

3. 交易验证完成

当交易验证完成，区块链中的所有节点都会接收包含着交易信息的区块，这时，没算完的 PoW 工作的区块就会失效，区块链中的各个节点会重新建立一个区块，以继续下一次的 PoW 计算工作。

在区块链的整个系统中，所有的交易最终都会被写入账本，可以说，区块链上的交易记录不仅透明可查，而且拥有永久性，全球一本账，每个人都可以随时查询任何一笔交易，去中心化地运作使得账本中的信息无法被轻易篡改，从而大大增加了信息的安全性、透明性，进而降低了人与人之间的信任成本。

尽管今天的区块链系统已经成为一个异常丰富的、包罗万象的系统，其中的交易、信息难以被清晰计数，但本质上来说，不管是比特币等虚拟数字货币，还是区块链在物流等其他领域的应用，其运作逻辑是完全一致的，理解区块链的运作逻辑可以帮助我们更好地理解区块链的应用以及区块链与元宇宙的关系。

区块链的4个核心技术

从技术层面上来说，区块链功能的实现主要依托于 4 个核心技术：分布式账本、对称加密和授权技术、共识机制以及智能合约。

1. 分布式账本

分布式账本，也叫"分布式储存"。在传统的互联网技术中，信息是储存于服务器中的，而这些储存海量信息的服务器是中心化的，即属于个别公司、集中存放于某地、由特定的人保管维护，这就使信息的篡改变得很容易，也让信息的泄露变得轻而易举。区块链之所以能够成为一项颠覆性的新技术，其中一个非常重要的原因就是让信息的存储实现了去中心化的分布式。简单来说，分布式账本或分布式储存就是把所有数据分散储存到多个地方的技术，存储的数据可以在参与者之间共享，人人可参与且人人都拥有同样的信息共享权利，每个人的电脑都可以记录数据，充当存储数据的服务器，这是区块链技术的一大创举，也是区块链可以正常运行的一项必不可少的核心技术。

2. 对称加密和授权技术

在区块链中，所有交易信息都是公开的，那么区块链是如何实现保护用户隐私的呢？区块链运用的主要是对称加密和授权技术，通过对账户身份信息进行高度加密的方式，只有得到授权者才能借助解密技术正常访问，这样一来，数据的安全和个人的隐私都可以得到非常有效的保障。在区块链中，密码学的运用是立体多样化的，从众所周知的哈希算法到公钥、私钥，再到数字签名，多种多样的密码学技术有效证明了数据的归属。正是对称加密和授权技术，让我们能够在区块链中证明"我是我"，证明"比特币或数字藏品属于自己，而不属于其他人"。这一技术让区块链中的虚拟财产具有非常明确的唯一"归属"，从而有效避免了因归属而产生的摩擦或纠纷。

3. 共识机制

区块链系统是去中心化的，在一个没有权威声音的环境下，如何让参与者达成共识是一个难题。为了适用于多样化的应用场景，区块链的共识机制也并不是唯一的。以比特币为例，主要是采用工作量证明，要想让系统的所有参与者都达成一个新共识，就要控制全网超过51%的记账节点，但实际上，随着区块链的快速发展，区块链的节点已经足够多，多到没有任何一个人可以控制51%的记账节点来伪造一条不存在的记录，这种共识机制充分保证了区块链中数据的真实性。

4. 智能合约

简单来说，智能合约就像是把规则制定好，编成机器自动化执行程序，由机器按照规则去自动执行，这种技术就是智能合约，这里旨在用信息化方式传播、验证或执行合同的计算机协议。区块链的智能合约技术是基于其可信的不可篡改的数据，总要有人去执行区块链系统中的信息存储、数据维护，而智能合约可以保证在没有第三方监管的情况下，也可以进行可信的交易，且每一个交易都不可逆转、都可追踪、都能保证公平和公正。总的来说，在整个区块链系统中，智能合约主要扮演着数据正确执行的角色。

正是基于以上这 4 大核心技术，区块链才成为今天广泛应用于各行各业的技术并受到了很多人的认可和欢迎。

区块链技术特点一：去中心化

乔姆斯基早在 1971 年就提出了"去中心化"这一概念，当时互联网还未诞生。我们不得不承认乔姆斯基是一个伟大的洞见者，他不仅预见了未来信息传播方式的变革，也洞察了社会去中心化的整体发展趋势。

站在人类发展历史的高度上看，互联网的出现和繁荣发展与"去中心化"的发展大趋势是相吻合的，而且大大加速了这一趋势的发展。

"去中心化"是互联网行业中出现频率非常高的一个名词，那么何为"去中心化"呢？如果我们把整个世界看作一个系统，那么每个国家的政府就可以视为一个个重要节点，在每个国家当中，规模巨大的企业、影响力超群的组织又构成了无数个节点，在这样一个分布了众多节点的系统里，每个节点都高度自治，节点与节点之间自由联结，同时节点与节点之间的影响呈现非线性因果关系，每个节点都可以成为某个阶段或某个范围的中心，那么这种开放的、扁平的、弱权威的系统结构就叫作"去中心化"。

"去中心化"是互联网、移动互联网的典型特征，这种"去中心化"特征给整个社会带来了新的改变。

（1）传统权威的影响力被大大削弱，"去中心化"在一定程度上有反权威的特点，媒体霸主——电视的影响力逐渐式微就是一个非常典型的体现。

（2）"去中心化"让社会变得更多元，专业数字媒体聚集的是专业人士，非专业媒体聚集的是非专业人士，尽管有时候"去中心化"产生的内容常常是伪知识，但诸如"××这么吃会致癌"的养生伪知识在中老年人群中大行其道，这是社会多元化的一种表现。

（3）"去中心化"导致并形成了多中心化的人群聚集，"去中心化"本身就是人们在不同的场景中重新聚集的过程。在社会中，精英永远是少数，大众在之前是围绕精英转的，而互联网却解构了这一切，让精英的归精英，大众的归大众。大众分享大众的价值和生活，精英分享精英的价值和生活。

作为互联网时代诞生的新技术，区块链也是"去中心化"的，而且是比互联网、移动互联网更"去中心化"的存在。

众所周知，互联网、移动互联网在给我们带来便利的同时，也带来了新的问题——个人隐私信息的安全。尽管互联网、移动互联网是"去中心化"的，但在其后台的数据存储等方面还是遵循着中心化的特征，来自四面八方的海量数据信息汇集到一处或几处，形成了数据库，并储存在特定的服务器中。这种信息存储、数据存储的中心化给信息安全带来了非常大的挑战。尽管今天的不少互联网企业都在积极寻求新的解决方法，比如"云计算""云存储"等，但还没有从根本上解决这一问题。

区块链是非常典型的"去中心化"系统，借助密码学、"去中心化"的信息存储，区块链很好地解决了陌生人之间建立信任的问题。

区块链倡导大家将数据放到公共区域，个人隐私保护成为一个必须解决的问题。目前，区块链的加密授权技术完美地解决了隐私问题，但随着科技发展以及量子计算的实际应用，现有加密技术的安全性也面临着风险，可以预见的是，区块链的密码学技术、加密技术还有很大的发展空间。

区块链技术特点二：开放性

纵观人类的整个文明发展史，我们先后经历了农业革命、工业革命、信息革命的洗礼，每一次技术革命对人类的生活都产生了深刻而巨大的影响。日新月异的互联网信息技术，彻底改变了人们的工作生活状态：足不出户就能买到各式各样的丰富商品；只需一台电脑就可以实现远程办公；空间距离不再是人与人之间交流的障碍，网络让我们随时都可以"在一起"；仅需一台智能手机和网络，就能和其他国家或中国的网友同时讨论一个话题……毫不夸张地说，互联网创造了人类生活新空间。

互联网最突出的一个特点就是开放性，在互联网发展初期，参与者较少，网上的信息也不够丰富、应用场景也较少，正是因其如大海般包容的开放性，使其迎来了爆发式的增长，不论国籍、不论地区、不论男女、不论老幼、不论信仰，任何一个自然人都可以轻而易举地参与互联网，这种开放性造就了互联网、移动互联网今天的繁荣。

作为互联网时代诞生的技术，开放性也是区块链的典型技术特点。"第一性原理"（First Principle）是量子力学中的一个术语，意思是只采用最基本的事实，然后根据事实推论。特斯拉 CEO 埃隆·马斯克将这一量子力学中的概念引入了商业圈，并提出了"First principle thinking"，翻译成中文即"第一性原理思维"。

第一性原理思维可以很好地帮助我们理解区块链的开放性，联结是互联网的核心组成结构，同样也是区块链的最基本组成。在区块链系统中，如果没有联结，那么每一个区块都将是"数据孤岛""信息孤岛"，唯有开放才能建立起联结，建立起非常丰富的、多元化的、立体交错的、多种多样的联结，只有区块与区块之间建立了联结，才能形成区块链，从而发挥作用。从这个角度来说，开放性是区块链存在的核心基础之一。

特别值得一提的是，区块链的开放性远远要比互联网更广泛。从目前来说，区块链技术的开放性主要体现在 3 个层面：一是账本的开放性，二是组织结构的开放性，三是生态的开放性。

1. 账本的开放性

区块链技术与传统数据库最大的不同就是分布式记账，全网一个账本，且账本是对所有参与者都公开的，也就是说，任何人都可以随时查询区块链中的所有历史交易记录。账本的开放性，这是一种颠覆性的创新。自古至今，账本一直都是很私密的存在，随着社会发展，虽然记账方式越来越复杂多样，但私密性在区块链技术诞生前并没有改变。如果说传统的记账和审计相结合的模式所产生的信任机制支撑起了一个商业文明的话，那么开放性的区块链分布式记账则创造了一种更低成本的信任机制，也必将催生出新的、伟大的商业文明。

2. 组织结构的开放性

在远古时代，聚居的部落是人类社会的早期组织，随着人类生产力的不断提高、社会文明的发展、协作方式的改善，人类的社会组织结构变得越来越复杂、越来越多样。区块链可以说是人类组织结构方面上的一个里程碑式的存在，区块链的组织结构是完全开放性的，这种开放性主要体现在两个方面：一是区块链的代码是开源的，二是区块链中的生产者、消费者、投资者等利益相关者多位一体。所有持有 Token 的都可以称为"币东"。组织结构的开放性使得区块链可以形成一个更庞大、更高效的组织。

3. 生态的开放性

在区块链中，账本的开放性、组织结构的开放性都是其底层基础，其最终目的是打造一个开放的生态。在区块链打造的开放生态中，价值的传递成本越来越低、效率越来越高、传递变得越来越容易。正如互联网让信息的传播发生了"蝶变"一样，区块链也将会带来同样的改变。未来，区块链将会形成一个更加巨大的价值转移操作系统，更重要的是，这个系统是开放性的，每个人都可以参与且无须许可，正如硅谷王川所说："区块链创造了一个开源的商业体系，它最精髓的部分就在于它可以接受无须许可的创新。"

区块链技术特点三：自治性

几千年来，人类社会体系的主流一直是"真理 + 法制书本体系 + 肉身执法"的社会体系。

依照地域，地球上的人类社会在架构上可分为国家、省、市、区等；依照组织，可分为党派、团体。各种架构最基本的构造单元是自然人，在软件出现以前，人类社会的秩序由律法等以书的形式定义和传播，执法则通过执法人员进行，这是一个节点、是有机人的网络系统。人与人之间是通过语言文字进行交流的，一个人让另一个人行动的手段要么是人与人之间的物理接触，比如执法；要么是通过语言文字，比如指令信息。如果我们把一个国家当作一个以人为节点、以书本记录的法制体系，一切靠人力来执行的网络，那么这个网络应当是效率低下的，人力节点是一种低可靠性的网络系统。

人力执行是感性、利益和理性相互影响的结构，具有成本高、合法伤害权、随机性的特性，公平会不断受到质疑，这种社会秩序有改进的余地。种族歧视、性别歧视、贪污腐败、战争、恐怖势力、毒品泛滥、宗教引发的冲突……从本质上来说，当今人类社会中超过90%的难以解决的问题，都是"真理+法制书本体系+肉身执法"这一运行系统的缺陷带来的。

为了解决各种各样的问题，人类一直在努力，三权分立也好，贪污重罚也罢，抑或通过制定各种各样的法律来给社会运行系统随时打补丁……我们一直在努力，但其效果并不明显，我们缺乏更高效的社会运行系统，缺乏一种改变现有社会运行系统的工具。

自人类诞生至今，社会运行体系建立在法律和各种其他规定之上，这些规则的执行都是通过执法人员执行这些写在纸上的协议。我们将这样的社会运行体系称作"手动运行体系"。软件的出现让社会运转系统自动化成为可能，软件的出现加上有了区块链的概念后，我们发现社会的规则有希望软件化，进而形成一个软件定义的社会。规则软件化之后，规则执行就可以自动化，我们将这样的社会运行体系称作"自动运行体系"。

区块链技术中的智能合约具有自治性，即便是在没有第三方监管的情况下，依然能够按照既定规则绝不打折扣地执行，基于区块链智能合约，可以让每一个个体通过在这个网络里的数字代理和算法达到平等，每个参与者享有的权利都是相等的，他们只是职责不同而已，并没有高低之分。区块链技术的自治性极大地降低了大家对用真理来提高社会运转可靠性的需求。区块链的出现让陌生人之间建立了信任，社会法治书本系统不可被篡改，从而使得执法成本下降且可靠性提高。

如今，区块链技术的自治性特点还没有完成对整个社会治理规则或治理体系的颠覆性的改变。随着区块链技术的不断发展，元宇宙虚拟时代的到来，区块链的智能合约将会发挥出难以估量的影响力，有望重塑整个数字社会的运行规则。未来已来，让我们拭目以待。

区块链技术特点四：信息不可篡改

众所周知，互联网、移动互联网上有数不清的各种网站、系统、网页、小程序等，实际上，这些表层的应用背后都少不了数据的支撑，都有数据库的存在。那么，这些数据库由谁来维护呢？目前，一般情况下，网络或系统的运营者担负着背后数据库的维护与管理。比如，微信的数据库是腾讯团队在维护，淘宝的数据库则是由阿里的团队在维护。从本质上来讲，这种模式还是中心化生态。我们每个人在微信上访问的小程序、发的朋友圈动态、与朋友的聊天等数据信息在微信数据库中都有记录，负责管理数据库的人都可看见且可以对这些私人数据进行改动甚至拷贝、传播等。

正是由于中心化的数据库信息储存方式存在信息安全隐患、个人隐私泄露隐患等问题，才衍生了去中心化的数据储存生态。

去中心化生态在当今社会中最典型的就是区块链生态。区块链的数据存储方式是一个分布式数据库，常见的例子除了有比特币、以太坊，还有 IBM 的超级账本。区块链的一大特点是防伪、防数据变更，其中记录的信息、数据都具有不可篡改的特性。

如今，区块链技术已经在物联网、供应链等领域中得到了广泛应用。通过应用区块链技术，供应链中的每个企业都有助于建立一个永久透明地记录运营信息的分布式分类账，将供应链上所有相关利益方纳入同一个管理平台，使管理流程变得透明可信，并在整个供应链中创建了真正的可追溯性，从而有效地防止了价格欺诈、付款延迟、运输延迟，绕过了中间商并有效降低了交易费用。

我们很容易看到，尽管国家实行了手机号码实名制、部分网络平台实名制，并且下大力气打击电信诈骗等违法活动，但电信诈骗、网络诈骗依然无孔不入，当前的互联网、移动互联网依然解决不了这一类问题，而区块链技术具有信息不可篡改的特征。目前看来，区块链技术是最有可能解决互联网、移动互联网带来的各类诈骗问题的新技术。

将其具体应用到商业领域，既可以大大降低信任成本，又可以大大提升商业效率；将其具体应用到物流行业，可以让每一件商品的来源都变得可追溯、可信任，从而有效地避免了假货、盗版等不诚信行为……

如今，互联网、移动互联网的发展已经进入了瓶颈期。作为其继承者，元宇宙是一个虚拟世界。未来，在元宇宙的虚拟环境当中，人与人之间、人与机构之间、机构与机构之间怎样建立信任关系以及如何公平、合理地交易，从而避免坑蒙拐骗等陷阱，就成为一个大问题。

　　未来，区块链技术的信息不可篡改的特点有望解决元宇宙虚拟世界的信任机制问题。"区块链＋元宇宙"可以搭建出一个"四维"的世界，不仅是与现实难以区分的三维世界，而且区块链可以跨越现实与虚拟，打造出一个同时适用于虚拟世界和现实世界的"不可伪造""全程留痕""可以追溯""公开透明""集体维护"的新维度，从而有效维持元宇宙世界的秩序。

区块链技术特点五：匿名性

　　简单来说，匿名就是隐藏自己的真实身份、真实信息，使得他人无法通过追踪等方式关联到真实的自己。古代的土匪、大盗、刺客等为了掩藏真实身份，常常会在特定行动中戴面具、面巾等遮盖面部，并使用假名等。实际上，这种行为就是"匿名"。当然，匿名并不总是和犯罪活动联系在一起，人在社会活动中，如遇到丢脸、不光彩的情况，往往也会下意识地留假名、不报名号等，这也属于"匿名"。

　　从本质上来说，匿名是指个体自然人在去个性化的群体中隐藏自己个性的一种现象，区块链技术的一个突出特点就是匿名性。

在区块链中，所有的交易信息、交易记录都是公开的，每个人都可以随时查阅。那么，这样的情况下，如何保护参与者的个人隐私呢？区块链技术是通过对个人信息的匿名化处理来实现保护参与者个人隐私的。

也就是说，在区块链中，每一笔交易信息都是公开透明的，但我们无法知道哪笔交易是由谁来操作或进行的。区块链上的每一个组织或个人都有一个代号，这些代号都是唯一的，与QQ、微信等社交工具可以自拟个性化的昵称不同，个人在区块链中的代号通常是一串没有任何意义的数字且不带有任何个人特色或偏好。这样一来，通过数字代号本身的信息，是完全无法将其对应或联想到其代号背后的具体自然人的真实身份的。

我们说区块链具有匿名性的特点，这里所说的"匿名性"，实际上是狭义概念上的非实名，而绝对意义上的匿名则是指个人的身份无法被人知晓。人是社会性动物，生而为人，就必然生活在人类社会中，必然会与其他人产生这样或者那样的接触或交集，从这个角度来说，真正的匿名几乎是不存在的。从本质上来讲，区块链的匿名是非实名，现实世界中每个人的身份都是真实的，也很难隐瞒真实身份。而在网络世界中，每一个网民都有虚拟身份，QQ、微信、Facebook、推特等社交账号、支付宝、网银等数字金融账号等都属于虚拟身份，区块链与其最大的不同是，其采用无意义数字组成的代号，在使用虚拟身份时进行了去个性化的处理，谁都无法准确地将这一虚拟身份对应到真实身份的自然人。

　　虽然区块链的匿名性特点能够很大程度地保证个人隐私的安全性，但也有一部分人持不同观点，认为这种匿名性也会给非法活动的人提供很多便利。技术从来都是中性的、无罪的，一项新技术是会造福于人类社会，还是将会打开潘多拉魔盒，关键在于怎样去使用这项技术。我们相信，随着区块链技术的发展以及各国对区块链技术规则的制定，它将能够在个人隐私保护、信息安全方面发挥出更多的作用。

第4章

洞见：区块链技术的价值

安全：数据泄露将不复存在

已经有太多人去关注与赞赏互联网发展带来的繁花锦簇，而那些繁荣背后的困境也应该被更多人看见。"真的猛士，敢于直面惨淡的人生，敢于正视淋漓的鲜血。"只有真正去正视网络的现状与面临的困境，才可能真正寻求到新问题的解决之道。

某酒店将涉及 1.3 亿人的信息在暗网上公开叫卖，某犯罪团伙非法控制老年机 330 余万台被抓捕，某航空公司 40 万客户数据泄露被罚款 2 000 万英镑，因用户隐私问题某平台认领 50 亿美元天价罚单……近年来，随着互联网和移动互联网的快速发展，关于信息安全、数据安全、网络安全的问题也越来越突出。

手机虽小，却承载着我们的各种信息。对个人而言，网络信息安全至关重要，随着个人隐私信息频繁泄露，除了无数个体之外，网络安全隐患也会给社会带来未知的灾难。网络逐渐成为犯罪分子开展诈骗等违法活动的温床，网络安全形势越来越严峻，互联网、移动互联网似乎已经从一个革命者演变成充满了各种弊端的"被革命者"，区块链技术的出现让我们看到了彻底解决信息安全、数据安全、网络安全的可能。

安全是区块链技术最突出的价值之一，其超高的安全性主要是通过以下四个方面的共同作用而最终得以实现的。

第一，去中心化区块链的信息存储是去中心化的。每一个参与区块链的电脑或计算机都是一个数据储存节点，且所有的参与者所享有的权利都是完全平等的，其所需要履行的义务也是均等的。因其拥有这种去中心化特征，所以避免了账本遭受黑客攻击或数据库损坏而带来的信息损毁、信息篡改等麻烦。

第二，区块链中的信息不可撤销、不可销毁。只要是被成功记录到区块链中的信息，就会被全网广播，公开、透明，并且数据不可逆转、难以更改，这充分保证了数据和信息的真实性。

第三，在区块链系统中，信息无法伪造。每一个参与者手中都有其账本，只有当整个体系中超过 51% 的人同时更改某一信息时，才可能有效，但在实际中，由于区块链中的节点是海量的，这基本上是不可能实现的，从而保证了区块链系统中任何信息或数据的篡改都是无效的。

第四，区块链的信息是可以验证的。当我们无法判定某笔记录是真实还是伪造时，可以通过区块链系统中的信息提取来进行验证。

如今，大众已经充分认识到了区块链技术的安全价值，在金融、物联网、物流等领域，区块链技术获得了非常广泛的应用，且应用场景越来越丰富多元，这与其安全性是绝对分不开的。

确权：确认数据资产的所有权

通过应用区块链技术，可以建立一个永久透明的记录信息的分布式分类账，将所有参与者与所有相关利益方都纳入同一个管理平台，使管理流程变得可信、透明，并在整个经济链条中创建真正的可追溯性，从而有效防止价格欺诈、付款延迟、交付延迟等。

区块链能够在不需要可信第三方的协助下帮助人与人之间建立起信任关系，区块链信用层协议弥补了互联网数字世界中缺失的两个基础功能，即价值表示与价值转移，从而助力互联网升级为"价值互联网"。

当前，区块链技术被视为打通虚拟世界与现实世界的桥梁，它既可以保证用户在网络中的虚拟资产和虚拟身份的绝对安全，又可以保证经济系统的规则能够得到透明且规范的实施，杜绝不公平交易、交易过程中的诈骗等，从而实现虚拟世界中人与人的价值交换，虚拟与现实的价值交换。

要想实现现实世界与虚拟世界的经济体系互通，仅仅依靠区块链的经济运行规则是不够的，还需要一个连接虚拟和现实的通证——NFT。

通证是区块链的价值表示与价值转移这两个功能实现的价值表示物，可以将资产通证化，即转变成数字资产。NFT 就是通证的一种，具有不可分割、不可替代、独一无二等特点，这使其可以锚定现实世界中的物品的数字凭证，即 NFT 是其在区块链上的"所有权证书"，代表着数字资产的归属权，具有排他性、唯一性和不可复制性。

基于区块链而存在的 NFT，其本质是虚拟资产的"证券化"——为虚拟数字资产提供了一套确权与流通机制。基于区块链技术，每个 NFT 都映射着特定区块链上的唯一序列号，不可篡改、不可分割，也不能互相替代。在这一技术前提下，用户将真正且永久地拥有这份数字内容的所有权。

NFT 赋予了数字资产流动性。NFT 是一种有价的代币，可以将数字资产代币化，而代币化可以提高流动性。未来，随着知识产权作为 NFT 被记录到区块链上，数以万亿计的数字内容将转移到二级市场上以供交易，这将释放出巨大的交易价值，从而带来价值重估、灵敏的价格反应机制。

如今，区块链能够确认数字资产所有权的特性，离我们普通人并不遥远，而且已经融入了实际的社会生活，国内 NFT 市场大约从 2021 年开始活跃。

2021 年 3 月 11 日，来自昵称"Beeple"的美国艺术家迈克·温克尔曼（Mike Winkelman）的 NFT 作品《每一天：前 5000 天》以约 6 900 万美元的天价成交；8 月 27 日，NBA 球星斯蒂芬·库里以 18 万美元购买了 BAYC 的 NFT 作品。以上事件推动了 NFT 的"出圈"，NFT 的市场关注度大幅提升，这种加密领域的最新热潮正在改变人们在数字领域买卖商品的方式与流通频次。2021 年 10 月，王家卫导演推出的首个电影 NFT 作品《花样年华——一刹那》以 428.4 万港元完成拍卖，这段内容为首天拍摄中的未披露剧情片段，仅发行了 1 版，时长 1 分 31 秒，记录的是戏里张曼玉与梁朝伟拍摄的第一天，也记录了王家卫导演灵光乍现的一刹那。

2021 年 11 月，虚拟游戏平台 Sandbox 上的一块虚拟土地以 430 万美元（约 2 739 万元人民币）的价格售出。随后，知名歌手林俊杰通过推特账号宣布：在 Decentraland 上买了三块虚拟土地。

目前，关于虚拟数字艺术品这一商业领域，字节跳动、腾讯、小红书等纷纷入局，字节跳动推出了"TikTok Top Moments"系列 NFT、腾讯发放了公司周年纪念版 NFT、小红书推出了数字藏品平台……可以预见的是，随着区块链确权属性的广泛应用，大家所能够见到的数字资产形式也会越来越多样。

信任：重构人与人的信任网络

自从文明诞生以来，所有文明都是基于对共同体的共识建立起来的。人的权益证明都是由另一个人和人的系统来确认的，这种确认权带有人力操作的低效性、延后性甚至不公平性。过去人类社会执行社会共识的方式叫作"碳系共识"，碳系共识是人类在执行细节，个体被赋予权力，对于抽象的共识条款进行解释，并给予宣判。

随着人类技术系统的发展，已经将越来越多的裁判权力给予了机器，我们可以将其称为"硅系共识"。21 世纪，人类最大的共识是数字认知和数学语言。

社会文明是建立在共识和共识型体制之上的，这是一种基于人抽象共识的信任，而执行共识的往往是权力代理人，也是一个个体。虽然人们往往希望法律仲裁者是没有任何情感的判决机器，在执法系统之中能够秉公执法，但这只能是一种假设。

区块链技术的巨大贡献之一就是重构人与人之间的信任网络、大大降低信任成本，同时让基于数字认知和数字语言的共识真正发挥出系统性作用，从而建立起一种更高级的社会文明。那么，区块链是如何实现这一作用的呢？

1. 智能合约

在传统的熟人社会当中，人与人之间的信任往往是通过群体舆论、追溯过去、作保证明等方式来建立的。比如，对一个经常借钱不还的人，当我们通过追溯他过去的所作所为时，就不会信任对方借钱时说出的还钱承诺。

互联网、移动互联网的快速发展以及越来越频繁的人口流动让我们从过去的熟人社会进入了一个陌生人社会，向从未见过面的网店店主买东西，与远在海外不知根底的潜在客户谈生意。在这样的陌生人社会当中，追溯对方的过去变得困难，群体舆论也难以发挥作用。

区块链技术主要是通过智能合约来解决陌生人之间的信任问题。在区块链系统中，一旦生成记录的信息或数据，就会成为永久记录且无法撤销、难以篡改，有了真实、可信的数据或信息查询，陌生信任的建立自然就变得简单且高效。

2. 算法机制

即便是再公正、无私的人，也难以保证在任何场景下都能严格地按规则行事，总是会受到或多或少的情感、情绪、阅历、认知影响。区块链技术是通过算法机制来保证公平、公正的，通过非对称加密技术、共识机制、投票机制、主节点等，充分保证了整个区块链系统中所有节点都可以在信任的环境下自动安全地交换数据。算法是没有感情的，因而也是绝对理智的，只要设置好了规则，就可以绝对公正、公平地去自动化执行。很显然，区块链技术的算法机制是更高效、更公平、更值得信任的。

从应用上说，区块链可以解决信息不对称的问题，因而能够帮助不同主体之间快速建立协作信任关系。当前的互联网、移动互联网存在信任成本高的问题，在不远的未来，元宇宙是比互联网、移动互联网更脱离现实的虚拟存在，怎样建立更低成本的协作信任关系是一个值得深入思考的问题。

元宇宙是一个虚拟世界，在这样一个环境当中，人与人之间、人与机构之间、机构与机构之间怎样建立信任关系以及如何公平、合理地交易，从而避免坑蒙拐骗等陷阱，就成为一个大问题。区块链技术给社会信任机制的降本增效带来了曙光，也让我们看到了未来元宇宙时代的更多可能。

未来，"区块链＋元宇宙"将搭建出"四维"世界，跨越现实与虚拟，打造出一个新维度，以保证元宇宙世界的秩序。

自动化：智能数字协议自动执行

当一个国家的法治书本体系公平、高效、稳定，能够促进社会高速发展，肉身执法有效且无腐败时，社会的运行就会变得顺畅而高效。然而，事实上，肉身执法往往难以做到绝对的公平、公正、公开、透明和无腐败。这是影响社会运行效率最重要的一个因素。

各种架构最基本的构造单元是自然人，软件出现以前，人类社会的秩序由法律等以书本的形式定义和传播，执法则通过执法人员进行，这是一个节点、是有机人的网络系统，"真理＋法制书本体系＋肉身执法"这一运行系统缺陷重重。为解决这些问题，人类一直在努力。社会运行体系建立在律法和各种其他规定上，我们将这样的社会运行体系称作"手动运行体系"。软件的出现让社会运转系统自动化成为可能。软件的出现加上有了区块链的概念后，社会的规则就有希望软件化。规则软件化之后，规则执行就可以自动化，我们将这样的社会运行体系称作"自动运行体系"。

人类社会目前使用的社会治理系统还处于一种"手工业"的状态，

正如工业产业从手工业发展到自动化物联网系统一样，人类社会的治理系统也正处于一个大变革的时期，社会治理从"手工业"到"自动化执行"阶段是一个历史趋势，社会治理自动化是一定会到来的，人类对数字认知和数学语言的共识也一定会成为人类有史以来最大的共识，进而成为元宇宙虚拟文明的发展基础。

未来，在元宇宙时代，人类社会的运作在绝大多数场景中是不需要经过权力中心的，而是基于可追溯的机器信任。碳基文明将自动社会执行模式交付给硅系文明，元宇宙高度发达的社会将是一种由人工智能或者智能数字协议自动执行的社会，这个自动执行方式将是全人类的，也必将成为人类社会运作历史中的里程碑。

价值共享：价值分配公正、公平

虽然单个工蜂的智商并不高，但如果由千万只工蜂组成的群体集体"投票"表决来确定新蜂巢的地点，那么一般不会出现重大失误；虽然单个蚂蚁也没多聪明，但 50 万只蚂蚁构成的蚁群可以在无"主管"的情况下良好而有序地运作；虽然一条鲱鱼的力量很有限，但千百条鲱鱼群可以瞬间同时改变方向来躲避天敌，且绝不会出现慌乱碰撞的情况；生活在北美的驯鹿，一旦遇到危险，就会迅速有组织地朝各自逃生方向奔跑，没有一只会挡住同伴的逃生方向，也从不会发生踩踏事故……

在全世界各地，多种多样的动物群体纷纷表现出了群体智慧现象。合作一直是生物生存进化的主流方向，群体合作可以形成更高层次的生命智力系统，从而为躲避天敌、应对灾难等提供了更有力的支持。作为生命智力的重要表现形式，"群体智力"的特点与群体成员的数量相关，当群体数量高于某个阈值时，该群体会形成更高的智力水平。

群体智力并不是凭空形成的，即便群体数量很多，倘若群体中的个体之间缺乏联系，那么群体智慧也就无从诞生。在互联网诞生之前，人与人之间的联系明显是严重不足的，一个一辈子生活在海岛上的渔民很难和生活在牧区的普通牧民建立起联系，但互联网突破了空间上的限制，让身处不同地区的人们也可以迅速地建立起更紧密的联系，这使得唤醒群体"看不见的脑"成为可能。

随着互联网、移动互联网可以汇集无数个体的智慧，从而形成了一种群体智慧。然而，其中掺杂着无数假信息、错信息，甚至是别有用心的信息，这就使得所形成的群体智慧并不够高明。区块链技术可以保证信息的真实、可信、可追溯，在这一基础上形成的群体智慧无疑将是更加科学的。

区块链技术的伟大之处就在于它是完全开源的，每个人都可以低门槛地参与这一系统。从本质上说，区块链就是一个共享数据库，其中所记录的信息真实、可信，且所有信息一旦被存储就是永久的，所有历史记录都可追溯、不可篡改、不可撤销、不可删除，这一特性让区块链成为比互联网、移动互联网更接近"群体智力大脑"的存在。

在基于数据、信息构建的数字世界中，所有知识、信息都是联通的，数字世界本质上就是一个超级量子大脑。在现实社会中，人与人的脑力是分离的，每个脑子都在做分布计算，区块链技术让所有脑力合一成为可能。

作为基于新技术而建立起来的一个新系统，区块链要想吸引更多人加入进来，成为群体智能中的一分子，就绕不开价值分配的问题。科学的价值分配一直是人类社会孜孜不倦所追求的，正是由于分配的不公平、不公正，整个人类社会始终徘徊在历史的起起落落之中。尽管无数人付出了无数努力，但时至今日，分配不公所引发的矛盾、纠纷甚至是战乱依然在上演。在区块链系统中，所有参与者的权利与义务都是均等的，且价值的分配是依靠智能合约自动执行的，价值共享是区块链技术的一大特色，这让我们看到了彻底解决分配问题的一种新可能。

要想扩大区块链更广泛的影响力，就必然会依靠一定的经济分配制度去吸引每个人都加入进来，每个人都可以获得合理、合法的经济报酬，这将是维持整个区块链系统生态的重要一环。在区块链中，只要破解区块即可获得奖励，这种价值的分配是公正、公平的，正是这种底层价值分配体系，使得区块链技术一经诞生就迅速地繁荣发展起来。

区块链，重构商业形态与社会管理

当前，随着互联网、大数据和人工智能等技术的广泛、深度应用以及全球经济新模式、新业态的不断涌现，人类社会生产生活方式正在发生深刻变革，正从工业经济时代发展为数字经济时代，其特征是以数据为核心重构生产要素，从而促进以物质生产、物质服务为主的经济发展模式向以信息生产、信息服务为主的经济发展模式转变。

事实上，进入数字经济时代后，数据正逐渐成为驱动社会发展的关键生产要素和新引擎。一方面，大数据已成为社会的基础性战略资源，蕴藏着巨大的潜力和能量；另一方面，数据资源与产业的交会融合也能促使社会生产力产生新的飞跃。

在数字时代，谁拥有更多数据、谁精通数学算法、谁拥有更强大的算力，谁就能够在市场中立于不败之地。用数据来表达基因编码和生命，已经成为互联网和数字时代的典型特征。

三维数字地球、三维数字城市……在虚拟的互联网世界，一个个网络数字孪生体正在诞生，随着卫星定位、大数据、三维、人工智能等技术的发展，互联网世界正在以"现实"为蓝本、以网络为背景板来建设一个个新的数字生命体。

在数字世界，数据是最重要的核心生产要素，也是事关每个人隐私的核心影响因素，那么怎样保证数据的安全呢？在数字世界中，如何让彼此完全不认识、不熟悉，也难以辨别真实身份的个人之间建立起信任呢？可以毫不夸张地说，这是摆在全人类面前的一个难题，也是制约着数字经济发展的重要因素，甚至会直接关系到元宇宙时代到来的时间。

区块链技术的重大价值就在于它并不仅仅是一种新技术，在人类技术发展历史上，并不是每项新技术都拥有改变世界的能量，而区块链就是有望重构整个社会商业形态与社会管理的技术。

移动互联网的出现打破了时空的界限，随之信息社会逐步形成，并由此诞生了许多新的行业。

在现实的世界逐渐对应到一个虚拟的世界的同时，也出现了很多网络诈骗、商业欺诈、个人隐私信息泄露等一系列新问题。在互联网时代和信息社会，每一个人都是透明的，大数据常常可以比我们本人对自己的了解更多。

区块链之所以具有重构商业形态与社会管理的能量，最本质上的原因是区块链技术彻底改变了人与人之间的协作模式或者说协作关系。

过去，人与人之间的协作主要依靠法律与道德的共同作用，很显然，这个模式存在 Bug，那些不讲道德又会触犯法律的人往往会侵犯普通人的利益。区块链技术公开、透明，其信息不可篡改、真实可信使得每个人在区块链中所享有的权利、义务都是均等的，这一分布式账本的模式可以在更低成本的基础上实现建立协作、信任，这种高效、可自动化执行智能合约的模式必将给整个商业领域和人类社会带来翻天覆地的变化。未来已来，区块链技术所带来的改变正在被越来越多的人感知。

第5章
概览：区块链的
应用场景

区块链+社交：更好的用户体验

马斯洛需求理论将人的需求分为生理需求、安全需求、社交需求、尊重需求和自我实现需求。当人满足了基础的生理需求和安全需求后，社交需求就会成为迫切需要满足的需求。在现实中，社交需求往往是和生理需求、安全需求紧密相连、难以分割的。

在远古时候，人们通过社交来获得关于采集、狩猎、躲避危险等方面的信息，从而更好地满足其基本生存的需求；到了近代商业社会，社交被赋予了更多的价值，人脉、甚至会直接影响一单生意的成败……

在远古时代，人的社交范围很小，信息的传播主要依赖于人与人之间的直接沟通，传播媒介效能低下，个体的影响力也非常有限，最多可以影响到本部落和邻近部落的人；到了封建社会，马车、驿站等使得人的社交范围扩大了，信息传播除了依赖于人与人之间的直接沟通，人们还可以通过书信等联系，传播媒介效能得以提高，虽然单个个体的影响力扩大了，但影响范围还是非常有限；到了电气时代，随着广播、电视等的出现，信息的传播效能得到了大幅度提高，个体的影响力再次扩大，尽管国家元首等领袖可以通过广播、电视等媒介迅速地将消息传递给大众，但这种传播是单向的，缺乏反馈机制，因而传播效能被限制在一定范围内。

互联网是 21 世纪避不开的一个重要话题，它完全重塑了人与人之间的社交关系，大量真实人群聚集在社交网络上，在网上的虚拟社交空间中，人与人之间有好友、粉丝、关注、点赞、收藏等人际关系。在虚拟社交网络中的每一个人都同时扮演着多重身份，既是潜在的消费者，又可以通过分享购物体验、发布购物过程扮演"导购员""推销员"的角色。在这种新型社交关系中，衍生出了多种多样的商业机会。可以毫不夸张地说，社交在互联世界始终是最具价值的应用。不管是微商、社区电商，还是粉丝经济、网红经济，抑或全民直播，归根结底都是社交价值的体现。

目前，诸如微信、微博、Facebook、Twitter 等社交媒体依然是中心化的。如今，这些中心化的社交平台暴露出的问题越来越突出：一是虚假新闻泛滥，发布虚假新闻的低成本使得虚假新闻难以被管控，从而大大降低了社交平台的可信性；二是五花八门的商业广告让用户疲惫不堪，为了尽可能减少广告轰炸的骚扰，不少年轻人都纷纷开始使用老年简化模式；三是"千人千面"等信息分发技术的广泛应用让用户逐渐被封闭在信息茧房中，大众被切割成了无数个小众，社交的商业价值也随之被碎片化、粉尘化。

　　区块链技术与社交的碰撞可以为广大用户带来更好的社交体验。区块链是去中心化的，把信息的存储权归还给了用户，这从根本上杜绝了私人信息泄露和隐私信息贩卖等问题，加密技术可以很好地保证信息传输的安全性，从而让每个用户的隐私都可以得到有力的保证。

　　区块链技术可以打造出一个更加透明、公平的社交环境，使得每一个用户都有均等的机会被人倾听、关注，每一个用户都可以分享社交平台所带来的发展红利。

　　"区块链 + 社交"的应用场景已经开始逐渐走进人们的日常生活中，海外非常火热的 Torum 就是一个以区块链为底层技术的社交平台，这是一个专门为加密货币爱好者搭建的社交平台，自产品上线，就一直保持着每月双位数的用户增长率。随着社区的不断扩大，越来越多的加密货币用户加入 Torum。

　　可以预见的是，"区块链 + 社交"的应用绝不会仅仅止步于此，"星星之火可以燎原"，Torum 的火爆只是一个信号。未来，区块链将给网络社交领域带来颠覆性的变革，让我们拭目以待。

区块链+教育：高效的教务管理

我国历来重视教育，正是因为如此，区块链与教育的相遇属于发展比较早的融合领域。

从实际应用场景上来说，区块链与传统教育行业的"对接点"是比较多样的。不少教育界专业人士普遍认为，在学生档案创建、教育教学资源库创建、学校管理等方面，区块链技术都将发挥出巨大价值，从而带来物超所值的高效率。

早在 2016 年，企业和信息化部在《中国区块链技术和应用发展白皮书》中就明确指出，"区块链系统的透明化、数据不可篡改等特征完全适用于学生征信管理、升学就业、学术、资质证明、产学合作等方面，对教育就业的健康发展具有重要的价值"。实际上，这并非我国的个性化认知，区块链技术对于教育行业的巨大价值已经在全世界范围内达成了普遍性共识，欧盟委员会在《教育行业中的区块链》报告中也明确表示："区块链技术在学校和大学应用具有可行性。"

2019 年 10 月，国家主席习近平首次提出了"区块链+"的概念，并明确指出在民生领域积极推动区块链技术在教育、就业、养老等领域的应用。"区块链 + 教育"凸显了两者融合发展的大好形势。2019 年底，教育部发布了《未来教育链白皮书》，所谓未来教育链，其本质上就是基于区块链技术融合了人工智能、大数据等新一代信息技术，以学习者为中心，由社会群众共同参与建设的教育服务平台，这一平台是开放式的，可实现终身学习、数据保存、信息共享和价值流转。可以预见的是，未来一旦教育链真正建成，那么教育行业的形态也必然会随之发展进化。

目前，在新加坡已经出现了"区块链 + 教育"的成熟运营平台——未来教室（FCC），且已经与不同国家、地区的 30 多家大学、教育机构达成了合作。这一平台是基于区块链技术的数字教育资产运营平台，嵌入了智能合约系统，可以自动智能整合全球教育资源，高效地完成教育数字资产的存证、契约、交易。更难能可贵的是，在该平台上，全球机构、教师都可以获得诸如在线学业辅导、在线播控、课程评价、工具下载等开放式服务，未来对于教育在降低科研共享的交易成本上，也具有实际意义。

具体来说，关于区块链与教育的碰撞究竟会擦出什么样的火花，大家的看法并不统一。

在教育部《国培计划》国家级专家许红伟看来，区块链技术在教育行业的应用将会体现在"建立个体学生信息大数据、打造智能化教育平台、开发学位证书系统、构建开放教育资源新生态、实现网络学习社区的'自组织'运行以及开发去中心化的教育系统等"。

南开大学教授田利辉则认为，"区块链的分布式账本、非对称加密和共识机制不仅能够降低教育成本，还可以明确教育的估值和交易，从而保障知识创新的回报、带来教育资产的增长，进而推动教育事业的可持续发展和科研共享"。

同济大学副教授许涛给出的判断是，区块链技术平台可以将从不同教育机构获得的学习结果、学分进行绑定组合，从而为获得相应毕业或学位证书提供真实、可信的依据。实际上，这种全新的学习模式已经初见雏形，英国开放大学在这方面走在了前列，为了适应基于区块链技术平台的学习和认证，已经开发出了组合"微认证"——徽章的创新技术。

"区块链 + 教育"属于区块链的基础应用。总的来说，在国内外的教育领域，区块链技术的应用还处于萌芽状态。然而，有一点是不可否认的，区块链技术有望在"在线教育"的生态系统中发挥出重要作用。

目前，我国教育行业的教育评价体系主要是"一考定终身"，而区块链技术有望从根本上彻底打破这一评价体系，进而实现全国性的学籍、课程、教学、学分等内容的上链共享和可信协同。届时，一个崭新的开放教育的新生态将会激发出教育行业更多的活力和个人教育发展的更多可能。

区块链+医疗："治病"更透明

科学技术的发展一直在推动医疗行业的变革，在中国古代，医生只能通过望、闻、问、切的方式来了解判断病人的病情，随着 X 光拍片、血液化验、显微镜观察标本等技术的发展，医生了解病人病情变得更简单、更容易、更精确了。

实际上，技术的发展也在让渡一部分原属于医生的职能，渐渐变成了每个人都可以自行操作的事情，比如家庭血压计、排卵试纸、早孕试纸、血糖试纸、创可贴、温度计等，即便是没有经过专业医学训练的普通人，也可以在家完成自测血压、血糖、排卵期、小伤口的包扎等。

人工智能的快速发展让我们看到了彻底解决看病问题的一种新可能。经过大数据的长期学习后，人工智能医生可以根据病人的检查结果开具处方，并给出治疗方案。尽管今天我们在实际的医院中还很难看到 AI 医生，但相信在不远的未来，AI 医生会逐渐走进大众的日常生活中。

作为 21 世纪最炙手可热的新技术，区块链技术也正在推动医疗行业发生变化。具体来说，"区块链 + 医疗"的应用场景有如下 4 个主要方向。

（1）充分保证医疗信息的安全性。医疗信息是比社交信息更私密、更特殊的存在，一旦医疗信息泄露就会给病人和医院带来困扰，一旦一些不法分子获得这些信息，就会借此牟取私利。区块链技术是去中心化的，其中信息的存储是分布式的，加密技术保证了其安全性。

（2）药品防伪，彻底消灭假药的生存空间。药品从原材料采购、生产到运输是一个比较复杂的产业链，因而也就给一些不法分子创造了造假的机会。有统计数据显示，全球医药公司每年都要因为假药问题损失超过2 000亿美元，甚至是在一些不发达国家，市面上的假药高达三成。这些假药不仅窃取了医药公司的利益，而且一旦流入患者手中，就会影响其疾病的治疗。区块链中储存的信息是不可篡改、不可撤销的，是永久储存的，借助区块链技术打造的食品溯源应用正在趋于成熟，药品溯源得到广泛应用的那一天并不遥远。

（3）有助于建立个体的电子健康病例，提高看病效率。如今，我们去医院看病，往往是一个医院一个病历，不同的医疗机构之间并不能毫无障碍地互认、互通，这就在某种程度上导致了医疗资源的浪费。区块链的信息不可篡改特征，可以帮助医疗行业建立起真正意义上的"全国畅通"甚至"全球畅通"的个体电子健康病例，如此一来，不管到任何一个医疗机构就诊，医生都可以快速地了解病人的历史健康信息，从而大大提升医疗行业的效率。

（4）能够大大提升医疗保险的管理效率和服务水平。目前，医疗保险在赔付之前，首先要解决的是信任机制问题，不仅需要通过第三方背书、多方调查核实等，而且需要被保险人提供一系列票据、病历等，才能正常办理赔付，赔付时间周期长，赔付流程也比较复杂。区块链技术信息的不可篡改特性对于解决信任问题是非常有价值的，凡是上链信息均不可篡改，这种更低成本的信任机制可以大大简化医疗保险的培训流程，显著提高医疗保险的服务水平。

区块链+金融：数字人民币问世

货币是伴随着人类的经济活动而产生的，从世界范围来看，我国是最早使用货币的国家之一。在产生货币至今的几千年中，货币也经过了多次变迁。

中国古代最早使用的货币是自然货币，即贝币，随着经济的发展，自然的贝壳变得渐渐不够用，于是商朝时期出现了铜仿制的贝币，铜币渐渐代替了海贝，货币从自然货币演变为人工货币。

战国时期是一个政权林立的时期，各国自铸货币，即便是在同一个诸侯国，不同地区铸造的货币也不相同，赵国的铲币、齐国的刀币、秦国的圆形方孔钱、楚国的蚁鼻钱……秦一统天下后，颁布了统一货币的法令，从此中国货币杂乱多样的形态逐渐演变为统一形态，秦币的圆形方孔的形制，一直被沿用到民国初期。

纵观中国货币发展史，地方铸币逐渐向中央铸币演变，由文书重量逐渐向通宝、元宝演变，从金属货币逐渐向纸币演变。

1948 年 12 月 1 日，中国人民银行成立并发行了第一套人民币。随着中国经济的发展，银行也逐渐推出了银行卡刷卡支付、支票支付等服务，但总的来说，流通市场上最主要的支付方式还是纸币。直到互联网和电子商务的崛起，让移动支付逐渐走进人们的生活，并渐渐成为主流。

如今，仅凭一部智能手机就可以走天下，不管是超市购物、街边小摊买东西，还是买车票、住旅店、买菜、买股票、转账等，统统可以使用手机完成，即便是在偏僻的乡镇农村，手机扫码支付也毫无障碍。中国正在无限趋近于"无现金社会"。

互联网带领我们进入了一个全新的数字社会，在各行各业都进行数字化改革的大浪潮中，数字货币的出现也就显得不足为奇了。区块链技术可以说是数字货币最重要也是最底层的技术，区块链技术的诞生与比特币是紧密相连的。从这个角度上来说，区块链技术天然就具备在金融领域进行广泛应用的基因。事实上，区块链技术最早的应用领域就是金融领域。

为了适应"无现金社会"的发展趋势，中国人民银行早在 2014 年就成立了关于"数字货币"的专门团队，2019 年数字人民币开始在深圳、苏州、雄安新区等启动试点进行测试。如今，数字人民币正在走进人们的生活，截至 2021 年底，数字人民币累计开立个人钱包 2.61 亿个、交易金额 875.65 亿元。

数字人民币借鉴了区块链技术，同样具有不可篡改性、可追溯性的特征。在交易记录环节，通过区块链的分布式账本技术，就可实现网上验钞功能。

目前，我国并不是唯一发行依托于区块链的数字货币的国家，伊朗、厄瓜多尔、乌拉圭、塞内加尔等国家均发行了数字货币。总的来说，法定数字货币还处于一个萌芽发展阶段，还没有发展成为全球的主流。

除了数字货币外，区块链在金融领域还具有多样化的应用场景，不管是支付清算、数字票据，还是金融机构的征信管理，都已经出现了小范围或实验性的实际应用。随着区块链与金融行业融合发展程度的不断加深，更多、更广泛、更多元化的应用场景将会逐渐走进主流社会，进而掀起一股新的革命潮流。

区块链+5G：通信技术的变革

中国互联网、移动互联网的快速发展与其通信技术的快速迭代是分不开的，2009 年，工信部批准了 3G 牌照，短短 4 年后，中国通信技术就走进了 4G 时代，到了 2015 年，在国家的倡导之下，移动、联通、电信三大通信运营商纷纷加快了提速降费的步伐。随着网速的进一步提升和上网通信费用的降低，中国迎来了移动互联网的快速发展。正是在这样的大背景下，短视频、直播等新应用才能够获得繁荣的发展。

2019 年，工信部批准了 5G 牌照，中国开始逐渐进入 5G 时代。对于大众来说，似乎除了 5G 手机、三大通信商提供的 5G 套餐外，基本上感受不到 5G。实际上，中国在 5G 信息通信设备的基建已经在悄无声息中实现了大规模覆盖。

截至 2021 年底，全国累计建成开通 5G 基站达到 142.5 万个，全国 51.2 万个行政村全面实现了"村村通宽带"，建成了全球规模最大、技术最先进的 5G 网络。目前，5G 网络已全面覆盖了我国全部地级市以及超过 98% 的县城城区和 80% 的乡镇镇区。

尽管 5G 技术拥有比 4G 更快的传输速度、更好的即时性体验，但作为一项底层通信技术，它并不能解决所有问题，比如用户隐私信息安全问题、线上交易信任机制等都是 5G 技术所无能为力解决的，因此不少电信运营商们把目光聚焦到了区块链技术，并在实际行动中借助区块链技术来补齐了 5G 技术的应用短板。

在业内人士看来，"高效、安全和可信，是'区块链 +5G'与各行业结合的切入点"。如今，随着"区块链 +5G"的融合发展，已经出现了多样化的应用场景。

（1）基于区块链技术的跨链移动钱包。2019 年，西班牙电信集团

Telefonica 与一家区块链企业合作，推出了跨链移动钱包——Demo。业内专业人士普遍认为，"区块链 +5G"的应用会首先出现在"区块链 +4G"趋于成熟的领域当中，数字钱包赫然在列，这也就不难理解为什么 Telefonica 会与区块链企业合作推出 Demo 了，很显然，这是抢占先机的商业策略。

（2）基于区块链技术的智慧停车场。如今，不少大城市都出现了"区块链 +5G 技术"的智慧停车场。在用户端口，车主不仅可以借助 App 随时查看停车场有多少空车位、排队情况如何，还可以提前预约车位，从而大大解决了停车难、排队时间长、无效排队等难题。从停车场一方来说，"区块链 +5G 技术"可以大大提升管理效率、降低管理成本，借助区块链技术，可以轻松建立车辆、车主的信用制度，一旦监测到超时停车等违规行为，就可以自动扣除相应信用值，从而能够更高效地规范停车场管理。

（3）"区块链 +5G"在文娱领域也会带来新的应用场景。未来，音乐等文娱作品很可能会直接呈现在区块链上，产品公司则有可能会彻底消失。

此外，"区块链 +5G"在车联网领域也有实际落地的应用场景。区块链技术可以保证车辆信息的真实可信，5G 则可以大大提升车联网的信息传输速度和效率，两者叠加必然会塑造出一种全新的商业雏形。美国就已经出现了"区块链 +5G"的车联网平台，不仅可以提供路边救援、碰撞检测等服务，还可以有效地防范黑客远程攻击，充分保证了平台的安全运行。

　　"区块链 +5G"的融合发展将会大力推动数字经济的快速发展，可以预见的是，"未来区块链 +5G"的应用行业会越来越多、越来越广泛。

　　"区块链技术与 5G、物联网、人工智能等技术共同推动了数字经济的发展。与此同时，区块链技术自身的发展也不容忽视。"吕旭军表示，"而如果想促进新商业模式的出现，也需要有杀手级的新区块链应用。"

区块链+慈善：透明化的公益账本

　　慈善事业是人们自愿地奉献爱心与援助的行为和从事扶弱济贫的一种社会事业，尽管不同的施善者所确定的受助对象不同，但他们通过救济、援助或捐赠等形式给这个世界带来了更多的温暖和爱。

　　目前，社会上慈善机构众多，主要是吸纳善款、捐款，然后借助这些善款去帮助弱势群体。尽管慈善事业是一件有利于社会和谐的好事，但公益慈善事业的发展面临着一个难以解决的痛点：一部分公众认为，慈善机构的物资、善款使用等信息不够公开、不够透明，甚至认为极个别的人打着慈善事业的幌子在背后贪污善款，这些质疑的声音大大影响了公众对慈善机构的信任，从而导致了慈善善款变得难以募集等结果。

慈善事业固然是好事，而一旦丧失了公众的信任，就会变得越来越难以为继，而区块链技术的去中心化共享账本对于解决慈善事业的信任问题具有十分重要的意义和价值。

在传统的公益慈善行业，在信息记录、款项管理方面主要存在以下短板：一是常常难以做到完全真实有效地甄别受助人的信息，一些别有用心的人甚至会粉饰伪装以达到受助条件；二是难以做到钱款募集和使用的全过程即时、透明、公开，这就给公众的不信任留下了遐想空间；三是并不是直接由救助人对接并给予受助人公益善款，而是先进入慈善机构的账户，再由机构进行多层级的流程处理，一来影响效率，二来容易导致救助人的不信任。

慈善行业的这些问题由来已久，对此，我国政府专门颁布了《中华人民共和国慈善法》，虽然为慈善事业的开展提供了法律保证，但仅有法律的监管是远远不够的。区块链技术的诞生让慈善行业看到了通过技术来补齐短板的可能，区块链技术可以轻松地解决慈善机构财务不透明、管理效率低等问题，因而可以大大提升公众对慈善事业的信任，继而大大推动慈善公益事业的繁荣发展。

我国民政部已经把"互联网＋慈善"作为了重点工作之一，并明确指出要探索区块链技术在慈善公益行业的应用，区块链技术在公益捐赠、善款使用追踪、透明管理等方面将会发挥出巨大作用，基于区块链技术构建的防篡改的慈善组织信息查询体系，将会大大提升慈善信息的透明度、权威度和公众信任度。

具体来说，"区块链 + 慈善"的融合发展将会带来以下新变化。

（1）慈善行业将会进入精细化管理。要想进行精细化管理，最基础的就是要实现管理数据的精准化，因而搭建慈善大数据应用是非常有必要的。在区块链中记录的信息一经上链就不可更改，真实可信的信息、数据可以使得慈善大数据透明、真实、可信。

（2）慈善行业的服务能力将会大大提升。我们可以借助大数据分析对区块链中的海量真实数据进行深层次的挖掘和分析，从而更好地分析救助者的需求，进一步拓展服务渠道，优化善款、物资等慈善资源的配置等。

（3）慈善项目的管理将会更科学。"区块链 + 大数据"可以轻松且精确地反映实时慈善救助的情况，不存在造假等，这可以大大提升慈善项目的管理水平和效率。

（4）有效提升慈善救助的决策水平。在传统慈善行业，任何慈善决策都是由人做出的，不同的人受限于自己的情感、经历等，往往做不到绝对的公平、公正，而"区块链 + 大数据"只需要设定好智能合约规则，就可以自动运行，从而可以使慈善组织做出更公平、更公正的决策信息，进而提高其决策水平。

"只要人人都献出一点爱，世界将变成美好的人间。""区块链 + 慈善"透明化的公益账本可以充分保证每个人的爱心都不会被辜负。

区块链+商业：彻底重构商业形态

将现实的世界对应到一个虚拟的世界，互联网的发展重构了如今所有的商业逻辑和商业格局。如今，当我们已经熟悉了互联网对商业形态的重构后，"区块链＋商业"的融合发展正在悄无声息地带来一场新的变革。

1.出现了去中心化的商业组织

从古至今，虽然商业形态发生了无数次变化，但从来没有一种新技术像区块链一样，让商业组织从中心化变革为去中心化。

以比特币的区块链系统为例，它没有股东会、董事会，甚至没有任何一个管理层，它也没有员工，既不用招聘新员工，也没有固定的办公场地或经营场所，更没有收入……就是这样一个完全颠覆了我们常规想象的组织或者说系统已经有效运行了长达十几年之久，这一实践充分证明了去中心化的商业组织是完全可行的。

在不远的未来，这种分布式商业模式或者说自组织商业模式一定会被应用到越来越多的行业和商业领域。如今，已经有越来越多的人看到了区块链技术背后的商业价值，在物流、车联网、教育、医疗、金融、通信技术、人工智能等领域，区块链技术都在与行业快速地融合发展，我们很快就会见到越来越多的去中心化商业组织。

2. 商业价值共享将成为现实

如今，我们所获得的绝大部分商品或服务都是由集团、企业、工作室等商业组织来提供的，这种中心化的商业价值容易使得价值分配不平均，从而出现商业组织的"巨头化"或"寡头化"，最终导致商业失去活力，而区块链技术将会有力地推动商业价值共享成为现实。

未来，每个人既是服务提供者，同时也是服务的消费者，区块链系统联结一切，每一个参与者都有均等的商业机会，每一个参与者都可以与其他人一起均等地共享商业价值，这将会大大提升整个社会的商业资源配置效率。

区块链是一个去中心化的系统，没有任何一个人或组织可以完全控制区块链，这也就意味着在区块链中构建的商业生态可以完美地避开商业组织随着不断发展而必然会出现的"巨头化"或"寡头化"的发展魔咒，每一个个体都将获得均等的商业发展红利。

可以毫不夸张地说，区块链对商业领域的重塑将会是商业发展史里程碑式的存在。更重要的是，区块链中的信息不可篡改、真实透明、可溯源，可以在更低成本的基础上建立起信任机制，这对于商业的运行效率也将会产生巨大的影响，如今令无数人头疼的商业欺诈现象将会被彻底地扫入历史垃圾堆。

总的来说，"区块链＋商业"的融合发展目前还处于萌芽阶段，我们这代人将有幸见证一场基于区块链技术的、史无前例的商业变革。

区块链+大数据：瓦解"数据孤岛"

获取信息是人类生存的必备技能。远古时代，人们通过对环境、野兽粪便的观察，狩猎经验的交流、亲身验证等方式来获取信息，部落中的老者、族长、大巫既是掌握信息最多的人，同时也是最受尊重的人，信息帮助人们减少了狩猎中的伤亡、寻找到了最合适的聚居地、加快了疾病的康复或伤口的愈合等。

随着人类社会的发展，农耕社会来临，虽然人们不必再出门打猎，但获取信息依然是重要的生存技能之一。什么时节适宜种植哪种作物、当作物遭遇旱灾或洪灾后怎么办、如何处理作物的病虫害、村落中谁最不好惹、自身利益受损时找谁主持公道、所在地的官员处事是否公正……只有充分获得了诸如此类的信息，才能更好地生产、生活。

可以毫不夸张地说，历史上积累的所有经验、技术在本质上都是信息，正是由于这些信息的积累，才逐渐形成了辉煌灿烂的人类文明。

人从来都不是生活在真空当中，关注自己所处的环境，收集与自身生存、生产、生活密切相关的资讯，从而用以指导行动，是规避风险、减少损失、更好发展的重要技能。

纵观人类整个发展史，实际上也是一个信息传播效率不断提高的历史。从刻在龟甲、岩壁上的信息到书写在竹简上的信息，再到轻便易记载、易传播的纸和印刷术，信息的传播效率获得了极大提升。进入工业社会，电报、广播、电视让信息插上了翅膀，互联网的出现则再一次大大提升了信息的传播速度。

如今，得益于互联网、移动互联网的发展，我们可以通过多种多样的渠道获取非常丰富的资讯，从天气预报到城市交通拥堵程度，从国际政治局势到美国总统拜登的言论，从各种明星、网红的娱乐消息到所在地区的法治类事件，从国家政策的公布到所在社区的暖气费物业费通知、养宠物要求……资讯的丰富程度、获取资讯的便利程度、资讯的即时性延展了我们获取信息的技能，这就为大数据技术的出现和发展打下了坚实的基础。

信息孤岛化体现在频出的"信息孤岛""数据壁垒""信息茧房"等概念中，人们意识到问题所在，就是值得欣慰的。互联网最大的魅力就是"海量信息"，与之相对应的就是"信息茧房"。当每个人都成了互联网上的孤岛、每个企业成了网络中的孤岛，信息流通就出现了困境。如何冲出由特定信息构成的茧房？怎样打破由数据形成的壁垒？采用什么方法让信息再次高速流动起来？区块链技术给出了答案，区块链是一个去中心化的共享式账本，在这个系统中，每个参与其中的人所获得的权利和义务都是均等的。去中心化的特质可以打破今天"千人千面""信息喂养"等技术带来的弊端，每个人均等的权利义务使得获取信息变得更公平。如果每一条信息出现在我们面前的概率都是均等的，没有后台的强制推荐，那么一个真正公平透明的信息社会将会成为现实，困扰我们的"数据孤岛"也将不复存在。

区块链+物联网：降低物物相连成本

物联网从提出到发展至今，已经从最开始的示范展示与试用阶段发展至完全链接的实用阶段了，在城市智能交通、现代新型农业技术运用与管理、现代物流、智能制造、智能安防系统、智慧交通、智能医疗等领域发挥了巨大作用。

1. 智能交通

物联网应用于智能交通的典型案例有不停车收费系统和实时交通信息服务。电子收费系统是我国在全国范围内首例得到规模应用的智能交通系统，它能够在车辆以正常速度行驶过收费站的时候自动收取费用，从而大大降低了收费站附近交通拥堵的概率。

实时交通信息服务是智能交通系统最重要的应用之一，能够为出行者提供如交通路线、安全提醒、天气情况、路况信息等实时信息，其作用主要有让驾驶员清楚当前所处的准确位置、了解当前路段及附近地区的交通状况、帮助驾驶员选择最优的路线、帮助驾驶员找到附近的停车位、为乘客提供实时公交车到站信息等。

2. 智慧农业

借助物联网技术，农场主可利用无线物联网应用程序收集有关牲畜的位置和健康状况的数据，从而有助于防止疾病传播并降低劳动力成本。同时农业种植可通过传感器、摄像头和卫星等收集数据来实现农作物数字化和机械装备数字化发展。

3. 智慧物流

智慧物流应用于物联网领域主要体现在 3 个方面：仓储、运输监测、快递终端。比如智能快递柜，它具有对物体进行识别、存储、监控和管理等功能，与 PC 服务器一起构成了智能快递投递系统。

PC 服务端将智能快递终端采集到的数据进行处理，并在数据后台进行实时更新，以方便工作人员进行查询快递、调配快递、快递终端维护等操作。快递员将快件送达指定地点，并将其存入快递终端后，智能系统会自动地为用户发送短信，用户可在 24 小时内随时去智能柜取货物。

4. 智能制造

智能制造是物联网的一个重要应用领域，主要体现在数字化及智能化的工厂改造上，包括工厂机械设备监控和工厂的环境监控。以生产设备的故障与检修为例，一个汽车组装工厂有上百道工序，每天的产量是 1000 台小轿车，如何保证其一年 365 天无故障呢？通过智能制造模式就可以实现，将设备运行的数据进行分析对比，这样提前就可以预知可能发生故障的设备，进而邀请维护人员上门进行维护。

5. 智能安防

传统安防对人员的依赖性比较大，耗费人力且漏洞多，图像技术、监控技术、警报技术非常差，而智能安防却能够通过设备实现智能判断，一旦安防设备出现异常，就会发出警报，工作人员便可及时地对警报事件采取措施，从而降低损失，比如门禁警报系统和烟感探测消防系统就是智能安防的典型例子。

6. 智能医疗

物联网技术能有效地帮助医院实现对人和物的智能化管理，对人的智能化管理指的是通过传感器（主要指的是医疗可穿戴设备）对人的生理状态进行监测，将获取的数据记录到电子健康文件中，以方便查阅。此外，通过 RFID 技术对医疗设备、物品进行监控与管理，实现了医疗设备、用品可视化。比如，将 RFID 技术应用在药品的存储、使用、检核流程中，可防止缺货及方便药品召回，避免类似的药品名称、剂量与剂型之间发生混淆。

尽管物联网在不同行业的应用多种多样，但所有的传统物联网系统都是集中式架构，一旦遭遇黑客攻击，就会造成巨大损失，信息和数据传输的安全性是制约物联网发展的重要问题。区块链在本质上是一个基于密码技术去中心化的账本，可以充分保障数据、信息的安全储存和传输，而"区块链＋物联网"将会大大降低传统物联网的安全成本，从而使物物相连变得更高效、更可信、更便宜、更顺畅。

区块链+人工智能：算法与场景融合

人工智能，英文全称是 Artificial Intelligence，简称 AI。简单来说，人工智能就是人为制造出来的机器能呈现人类智能的技术。

早在 20 世纪 80 年代，就出现了虚拟数字人的概念，如今已经涌现出了不少虚拟数字人，比如洛天依，她是以 Yamaha 公司的 VOCALOID3 语音合成引擎为基础而制作的全世界第一款 VOCALOID 中文声库和虚拟形象，作为一名虚拟歌手，她有自己的粉丝——"锦衣卫"，曾与杨钰莹、付辛博、马可、王源等明星、名人共同演唱多首歌曲，不仅登上过湖南卫视小年夜春晚、江苏卫视跨年晚会、中央广播电视总台春晚等舞台，还与俄罗斯虚拟歌手共同演唱了《出发向未来》，洛天依是国内最早实现盈利的虚拟歌手。

打败围棋世界冠军的 AlphaGo 能够通过自学与训练掌握复杂的下围棋技术，如今炙手可热的自动驾驶技术实际上也是依托人工智能来实现的，尽管还没有被广泛应用，但在固定园区或测试路段已经实现了自动驾驶……

从 AlphaGo 开始，人工智能深度学习的能力正在明显增强。当人工智能完成了从感知向认知的充分进化，人工智能会越来越"聪明"，可以模拟人的思维或学习机制，变得越来越像人。目前，数字虚拟人与真人形态越来越接近，比如阿里的"AYAYI"、抖音 UP 主"柳夜熙"等。

随着人工智能技术的不断发展，社会上还出现了一个比较小众的特殊职业，即人工智能训练师。从某种程度上来说，该职业的出现意味着人工智能技术即将迎来井喷式的繁荣发展。

尽管区块链技术与人工智能是两个完全不同的技术方向，但两者的融合发展不仅是非常有意义的，也是势在必行的。

（1）区块链技术可以大力推动人工智能的发展。人工智能的运行需要大量数据，数据越丰富，人工智能就会越"聪明"。尽管像阿里、谷歌这样的互联网巨头可以依托自身的大量数据对人工智能进行训练，但很显然，这些数据是远远不够的。区块链可以为人工智能提供更多的真实数据，以帮助人工智能变得"更聪明"，从而大大提高其预测、评估、决策的精准度。

此外，区块链技术还可以让我们更好地理解人工智能，尽管人工智能可以给出决策结果，但具体它们做决策的过程往往是比较难以理解的，区块链技术可以对人工智能的决策进行追溯，从而避免了人工智能决策结果与其初衷的误差。

（2）人工智能对于区块链技术的发展也有很好的促进作用。以比特币挖矿为例，在其区块链系统中，挖矿是比较困难的任务，需要花费大量的电力以及金钱作为代价。人工智能则可以大大降低区块链的耗能，帮助我们摆脱"蛮力"的挖矿方式，以一种更高效、更聪明的方式来管理任务。这并非遥不可及，如今在我们人手一部的智能手机上已经出现了"优化电力消耗"的人工智能应用，相信随着人工智能技术的不断发展，其在区块链中的作用也会更加凸显，届时区块链的能耗将会大大降低。此外，人工智能还可以帮助区块链来编写智能合约，从而更好地防范欺诈等。

"区块链 + 人工智能"将会带来一场关于算法与场景融合的发展盛宴。尽管二者是不相同的两种技术趋势，但双方可以通过优势互补而迸发更大的发展潜力。目前，区块链与人工智能的融合发展还没有进入真正意义上的实践阶段。关于二者的融合发展，尽管业内人士众说纷纭、各有各的看法和观点，但毋庸置疑的是，"区块链 + 人工智能"一定会融合共同发展，这已经成为全社会的共识。

区块链+共享经济：共享成为现实

《中国互联网发展报告 2021》显示，2020 年，中国数字经济规模达到 39.2 万亿元，占 GDP 比重达 38.6%。如今的数字经济正在高速蓬勃发展，尤其是新冠肺炎疫情在全球的大流行大大加速了数字经济发展的进程。如今的数字经济囊括了网上购物、在线教育、远程办公、智慧医疗等各行各业，已经融入了大众的日常生活与工作。

（1）各类产业正在被数字化、信息化改造。网络技术的普遍应用和发展使无线网络、宽带、云计算、芯片和传感器等新一代基础设施得以出现和普及，很多传统的基础设施也在慢慢被互联网技术渗透和改造，如乘坐公交车可以手机付款、无人驾驶汽车、数字化停车系统等。如今，数字化的技术、服务、产品仍然在快速地向传统产业的各个领域渗透，各行各业呈现了产业数字化的明显特征。未来，产业数字化、信息化的程度将会更深、更系统。如今，诸如菜市场、展览业等少数被数字化渗透不深、不彻底的产业，也将呈现高度数字化、信息化的特征。

（2）数字呈现产业化特征。李佳琦作为特殊人才轻轻松松落户上海，"直播销售员"成为"官方认证"的新职业，四川省发布了省级直播行业发展计划并拟两年带动产值1 000亿元，2020年直播行业产业超过了1 000亿元，高校开设电商、网红、电竞专业，一个网红养活N家工厂……数字产业化已经成为不可阻挡的发展大势。据工信部新闻发言人介绍，截至2022年4月，我国已建成5G基站161.5万个，即便是偏僻的农村，也可以实现与城市一样的网速，城乡以及各地区之间的数字鸿沟正在逐渐缩小。我国重点推进建设的5G网络、数据中心、工业互联网等新型基础设施，其本质上就是围绕科技新产业的数字经济基础设施，可以为数字产业化提供强大助推力，"5G+"产业的应用场景将不断扩展。

当数字经济的发展如火如荼时，作为数字经济组成部分的共享经济也获得了非常繁荣的发展。共享经济是互联网经济时代的重要产物，以"共享单车"为冲锋号，这种崭新的经济形式迅速在全社会扩展开来，从共享充电宝、共享雨伞到共享单车、共享电动车、共享汽车，再到共享自习室、共享办公室、共享空间等，甚至有人调侃道"共享是个筐，什么都可以装"，尽管这是一句戏言，但也从侧面充分反映出共享经济的红火。

然而，随着共享经济的深入发展，其短板也慢慢凸显出来。以共享单车为例，有人将共享单车的车锁破坏掉，将其据为己有；有人为了保证自己随时有车骑，将本该共享的单车加私人锁，仅供自己使用；有人故意毁坏共享单车将其弃之荒野、河流……实际上，这些形形色色的问题在本质上都是由于安全监管不足导致的。

除此之外，共享经济还面临着用户隐私保护、信任缺失、资产质量等一系列问题，区块链技术则可以很好地补齐共享经济的短板。

基于区块链技术，共享经济可以实现从资产确权到资产转移和交易的全过程公开、可溯源，可以充分保证共享资产的可信性、合格性，从而有效杜绝他人故意侵占共享资产的现象发生。此外，区块链技术的智能合约系统可以让共享资产的交易效率得到进一步提升，继而共享资产的流通率和利用率将会被进一步激发。

区块链技术既保护隐私又公开信息，既保护个人权益又共同决策，是实现共享经济的一种理想的技术方案。未来，区块链技术有望助力共享经济实现共享住房、共享教育、共享能源等更多元化的共享经济场景。

区块链+数字身份：认证变得更轻松

互联网的发展经历了四个阶段：接入阶段、内容阶段、应用阶段和服务阶段。在接入阶段，即通过互联网把消费者、生产者、销售者联系在一起，马云创业之初所推出的"黄页"就是一个非常典型的例子；在内容阶段，简单的"黄页"联结已经远远不能满足市场需要，因而涌现出一大批搜索引擎类产品，如雅虎、搜狗、谷歌等逐渐形成"内容为主、服务为辅"的形态，联结变得更加多元化；在应用阶段，除了各种各样的互联网网站外，又出现了内容流型的社交网络，比如微博、QQ 等可以为用户提供多种信息块和信息流，人与人之间的联结变得更加丰富；随着互联网在线即时通信工具的快速发展，网上人与人的"交互"变得更加方便、快捷、高效，移动 App 成为新一轮风口，互联网也逐渐进入服务阶段。

如果把整个互联网发展进程看作一条坐标轴，那么在互联网诞生之前的坐标轴左侧，我们每个自然人只有基于现实的身份；而在互联网诞生后的坐标轴右侧，尤其是随着互联网社交的发展，我们每个自然人都拥有了一个新的数字身份。

现实中的每个自然人可以将自己在互联网社交领域中的身份进行重新定义，从网名、头像、说话风格、朋友圈、说说、相册、博文等都可以与现实中的身份截然不同。这给人们带来了一种全新的社交体验，同时也带来了关于数字身份认证的问题。

如今，我们需要在网络上完成数字身份认证的情景越来越多，登录自己的手机银行、查询自己的社保缴费信息、查看自己的公积金账户余额、查询自己网络购买商品的物流、登录自己的微信和支付宝……全都需要进行身份认证。

为了保证大家数字资产的安全性，如今的数字身份认证要比现实中的身份认证麻烦得多。在现实生活中，身份验证通过身份证、户口本即可；而在网络上，用户名、密码、手机验证码、图形或数字验证码、活体脸部认证、指纹认证、手势认证……这些认证往往令人不胜其烦。尤其是每个人都有大量的数字账号，需要认证数字身份的场景不同，认证又并不能统一，对于不常用的数字平台，忘记密码是再正常不过的事情，这就给广大用户带来了很多麻烦。

随着数字身份逐渐成为人们在互联网上的身份标识，新的问题产生了：如何保证数字身份的真实性呢，如何保证数字身份使用的权限呢，如何对数字身份进行确权呢？

在互联网上，个人数字身份的安全岌岌可危，游戏账号被盗、社交账号被盗、个人数字身份信息被泄露等情况变得越来越常见。尽管互联网让我们每个自然人有了数字身份，但没有保护我们数字身份的最佳途径，区块链技术的诞生和发展让我们看到了新希望。

区块链的非对称加密技术可以充分保证数字身份的隐私安全，每个自然人在使用数字身份时都不必担心真实信息泄露。区块链技术具有信息不可篡改、信息可溯源的特征，这可以保证个人信息的真实性，从而提高数字身份的可信度。可以说，区块链将会让数字身份的认证变得更可信、更高效、更轻松。

未来，互联网将告别账号密码，进入无密码时代。随着智能可穿戴设备的普及，手机、电脑等终端将会消失。万物互联后，处处都是终端面板，将使用指纹、虹膜、脸、基因等唯一性的生物特征，智能指环、智能手环、植入式芯片等都可能成为我们的智能联结终端。届时，银行账号、银行卡、钥匙、各种账号密码等都将成为历史，基于区块链技术的数字身份认证将会成为主流。

第6章
催化：区块链与元宇宙

区块链生态中的技术生长

随着区块链技术在各行各业的广泛应用，一个基于区块链技术的生态逐渐形成了。在这个丰富多彩的区块链生态系统中，正在悄无声息地迎来一场技术盛宴。

1. 区块链助推算力提升

作为去中心化的分布式数据存储技术，区块链对算力的需求更高，尤其是在保证信息的储存和传输安全方面，将会用到加密技术，如果没有足够的算力支撑，区块链是难以同时流畅地完成整个系统运作的。

虽然元宇宙当下还处于萌芽发展阶段，但显然，它就是下一代计算平台，是第三次计算文明的曙光。

2. 区块链加速 5G 落地

网络延迟、信息传输延迟、智能设备运行延迟……都会带来非常糟糕的体验。从某种程度上来说，区块链技术的广泛应用大大加速了 5G 的落地。随着 5G 的广泛应用，高带宽、低延迟、超快传输速度将会赋予区块链一切应用场景更优质的体验。未来在元宇宙中，一切都是同步的，我们在现实世界中的一个表情、一个动作都会即时映射到元宇宙中，就像我们照镜子一样自然、无卡顿，完全可以忽略间隔时间。

未来，只有具备低延迟特性的区块链应用产品，才会获得大众的认可和喜欢。从目前的情况看，我们距离低延迟、完全无延迟的阶段还有相当长的一段距离，一方面，5G 等通信技术依然面临着继续革新和发展问题，通信基础设施建设也需要进一步完善、普及；另一方面，低延迟也对算力提出了更高、更快的要求，只有在极短的时间里完成庞大的计算，才能在保证场景真实度的基础上实现低延迟，甚至是无延迟。

3.区块链正在突破虚实界限

互联网、移动互联网的出现和发展，给我们构建了一个全新的虚拟世界。在互联网、移动互联网发展陷入瓶颈的今天，不少业内专业人士认为，元宇宙将会是移动互联网的下一个继任者。

经典互联网在时间性上已达极限，元宇宙为经典互联网增加了空间性维度，它将赋予用户时空拓展层面上的全新体验和价值，为用户创造沉浸式、交互式、更多感官维度的体验将是元宇宙的技术主脉络。随着元宇宙时代的到来，最重要也是最关键的一点，那就是彻底打破虚拟世界与现实世界之间的界限。虽然区块链不能塑造出元宇宙，但是元宇宙被塑造过程中最关键的一环，其帮助元宇宙完成了底层的进化。元宇宙的一个重要特征是具备一套虚拟与现实相通的经济体系，区块链则是这个经济体系的底层架构之一。

元宇宙的虚拟世界要想与现实世界实现无缝对接和互通，必然需要一个统一的经济系统，而区块链技术就被视为打通虚拟世界与现实世界的桥梁，它可以保证用户在元宇宙中的虚拟资产和虚拟身份之间的绝对安全，保证经济系统的规则能够透明地规范实施，杜绝不公平交易、交易过程中的诈骗等，从而实现元宇宙中人与人的价值交换以及元宇宙与现实中的价值交换。

…………

在基于区块链技术的整个应用生态中，很多技术正在生长，这就为元宇宙世界的到来奠定了坚实的技术基础。

区块链与元宇宙的高度重合

如今，元宇宙的概念变得炙手可热，我们在互联网各种各样的消息中都能窥见其身影，尽管大众对于元宇宙这一名词已经耳熟能详，但对于这一概念的内涵并不清楚。

元宇宙是一个新概念，最早出现在 20 世纪 90 年代，距今只发展了短短 30 多年。更有意思的是，元宇宙这一新概念最早并非出现在科技领域或互联网领域，而是出现在一部名为《雪崩》的科幻小说中。

在《雪崩》这部小说中，作者斯蒂芬森描绘了一个赛博朋克式的虚拟实境，这是一个与现实世界平行的新世界，是一个和社会紧密联系的三维数字空间。在现实中，被不同地理位置隔绝的人们能够通过各自的"数字化身"在虚拟实境中交流、娱乐、生活、工作。

在小说描绘的元宇宙中，有一条长达 65 536 公里的巨型通道环绕，绝大部分建筑都是沿着这条通道开发的，和现实社会中一样，这条通道是不断发展、不断建设的，开发商会在主干道的基础上建造新的建筑物，比如公园、地标、街道、房子等。在元宇宙中，每个用户都会选择一个头像来代表自己在虚拟世界中的身份，因其更高分辨率与更高成本挂钩，所以虚拟世界中的人们也存在阶层之分。尽管区块链与元宇宙截然不同，但有意思的是，在以下两个方面，两者呈现了高度重合的特征。

1. 开放性

元宇宙比互联网、移动互联网的开放性更强，在元宇宙中，玩家不必局限于设计或渲染好的固定场景，而是完全可以自由活动，完全可以按照自己的意识或想法去设置自己所处的场景、去做自己想做的事。元宇宙高度依赖用户生成内容来维持边界扩张，因而其开放性、自由度会突破想象。

区块链也同样具有开放性的典型特征，其开源的代码可以让任何一个人都参与区块链技术的运用。不论现实社会中你是谁，你是否是专业的技术从业者、是否有过违法犯罪等行为、是否有良好的社交关系等，只要你愿意，你就可以没有门槛地加入区块链系统。

2. 永续性

今天，任何一个网站、App 或应用都是依托企业等组织而存在的，一旦组织死亡或组织做出结束某项工作的决策，其网站、App 或应用就会停滞。然而，元宇宙是永续性的，具有自动进化能力，一旦建立起来，就会自动永续运营，其中的用户与 AI 等会促使其不断地迭代、变化、发展。

作为分布式账本的区块链，在信息储存上是去中心化的，每一个接入区块链系统的计算机或智能设备，都将是一个节点，存储有全部的共享账本信息，这就使得区块链所记录的账本信息能够几乎实现永续，且不可篡改、难以删除，只要有一台设备没有被损毁，就可以恢复全部数据。

此外，元宇宙中具有完备的独立的经济系统，且其最大的特点是，其经济系统与现实中的经济系统是互相关联的，也就是说，能够彻底打通虚拟与现实。简单来说，就是元宇宙中的货币与现实社会的货币可以实现共通，且两套经济体系融合为一、无缝对接，而区块链技术就是能够使元宇宙实现独立经济系统的底层技术。

科幻小说《三体》中有这样一句极富哲理的话："我要消灭你，与你无关。"在历史的发展长河中，新事物总是会代替旧事物，而旧事物的颓势甚至消失却往往并不是新事物发展的目标或目的。区块链、元宇宙是新事物，互联网、移动互联网是旧事物，区块链与元宇宙的高度重合正在融合共生出一个崭新的、不同于旧世界的全新纪元。

区块链+元宇宙，四维世界已来

在世界进入电气时代以前，现实与虚拟之间的界限是非常鲜明的，虚拟几乎只存在于人类的想象之中以及记录想象、思想、认识的诸如书籍等载体中。随着电气时代的到来，使现实与虚拟之间的屏障慢慢开始变得模糊，我们可以通过电话与眼前看不到的真实的人对话交流，可以通过电视观看虚拟的影像。互联网的发展大大加速了这一进程，在大型网络游戏中，用户可以获得越来越真实的场景体验感，沉浸感也变得越来越好，一些时间重组的游戏爱好者甚至可以连续很多天都沉浸在一款游戏当中。

元宇宙比传统网络更能满足人的需要，具备更旺盛的生命力，代表着未来的发展趋势和方向，两者之间存在着巨大差异。传统网络，也就是我们熟悉的互联网，以网络数字虚拟信息为主，基于 O2O 模式、依托电子商务形成的物流体系等，囊括了一部分物联网。而元宇宙系统的组成则不同，不仅包括互联网、物联网，还包括虚实互动网、数字人联网等。

从两者的组成上来看，传统网络是元宇宙系统的一个子集，元宇宙系统比传统网络包含的内容更广泛、更多元、更立体。如果从联结方面对比，传统网络更像是停留在二维层面上的一个个联结的集合，而元宇宙体系则是一个三维立体的且横向、纵向、垂直彼此交错的联结集合体。

传统网络更侧重于解决人的实际需求，比如购物、娱乐、社交、出行等；而元宇宙则侧重于解决人的更高层次需求，比如健康监测、潜能激发、自我实现等。

从某个角度来说，传统网络是更基于商业的存在，不管是京东、淘宝、拼多多等购物平台，还是抖音、头条、快手等娱乐平台，或者去哪儿网、飞猪、滴滴平台，其背后的核心逻辑都是商业，这也就注定传统网络会更侧重于去解决人对市场价值、经济价值的需求。

而元宇宙是以人为本的存在，未病先防、人的自我实现等市场价值、经济价值低甚至是没有市场价值、经济价值的需求被看见、被发掘、被满足，从而创造出一个"各美其美，美人之美，美美与共，天下大同"的和谐世界。

随着视频显示技术、AI、AR、沉浸式等技术的快速发展，虚拟与现实之间的界限正在变得越来越模糊。"区块链＋元宇宙"这样一个崭新的四维世界已经初现雏形。

如今，区块链技术已经在物联网、供应链等领域中得到了广泛应用。未来，元宇宙是比互联网、移动互联网更脱离现实的虚拟存在，怎样建立协作信任关系是一个值得深入思考的问题。

区块链的确可以解决信息不对称问题，帮助快速建立协作和信任。然而，在元宇宙这样一个虚拟世界里，如何建立信任关系和如何避免欺骗却是一个大问题，"元宇宙 + 区块链"是保证元宇宙世界的秩序所在。

区块链是孵化元宇宙的"母体"

元宇宙自萌芽至今，经历了以下 4 个阶段的发展。

第一阶段：早在 2014 年，元宇宙行业就开始发展了。当时，Facebook、微软、索尼、三星、HTC 等纷纷入局元宇宙领域，并促使元宇宙行业出现了第一个阶段性的发展高潮，在 2015 年到 2016 年，元宇宙的市场热度是空前的。

第二阶段：随之而来的低谷出现，元宇宙的发展暂时陷入半停滞状态。2016 年，VR、AR 一度非常火热，而遗憾的是，这种火热却只是昙花一现，由于其技术发展仍然处于初级沉浸式阶段，所以被人们视为"鸡肋"，元宇宙的火热现象被归于泡沫。

第三阶段：伴随着技术的发展，元宇宙呈现复苏状态。从 2019 年开始，元宇宙开始走出低谷、逐渐复苏，这得益于 VR、AR 技术的不断发展和 5G 的广泛部署，尤其是 Facebook 推出的 Oculus Quest，在产品体验上有了跨越式的发展。到 2020 年，随着 VR、AR 产业链的各个环节不断成熟，Facebook 推出了 Oculus Quest2，当时引发了一波强劲的消费级 VR 设备需求，加之 2020 年新冠肺炎疫情的影响，很多线下场景逐渐数字化，为元宇宙的再次发展做好了铺垫。

第四阶段：元宇宙迎来了发展新纪元。2021 年，元宇宙第一股 Roblox 成功上市，再次掀起了元宇宙的发展高潮，一大批头部互联网厂商纷纷在元宇宙领域布局。

从国际上来看，Facebook、微软等早已经在元宇宙领域进行了布局，2021 年纷纷再次重点"加仓"元宇宙。2021 年 7 月，Facebook 创始人扎克伯格宣布将成立了元宇宙项目团队，其最终目标是在 5 年后将 Facebook 完全转型为"元宇宙"公司。2021 年 9 月，微软 CEO Satya Nadella 在演讲中也提出了"企业元宇宙"这一新概念……

从国内来看，腾讯、字节跳动等众所周知的互联网头部企业也纷纷投身元宇宙的热潮之中。早在 2012 年，腾讯就在 Roblox 上市前进行了投资，还曾购入 Epic Games 超 40% 的股份，用于打造社交、直播、电商等全业务领域的元宇宙生态。字节跳动在元宇宙领域也不甘落后，斥巨资收购了 VR 公司 Pico。与此同时，爱奇艺、快手等也纷纷布局元宇宙，不少互联网公司集中注册元宇宙商标，自 2021 年以来，"元宇宙"相关的商标申请信息超过了 240 条。由此，也不难看出元宇宙的火爆程度。

元宇宙是要构建出一个完整的世界观体验，这就需要强大的综合性的基础设施支持。从这个角度来说，区块链技术可以被视为孵化元宇宙的"母体"。

元宇宙最大的魅力在于虚拟现实，虚拟世界与现实世界的界限需要被完全打通，基于区块链技术，可以建立起一个开放、稳定的虚拟现实价值通道，为个人之间的合作提供更多、更充分的可能。

元宇宙的核心特征一定是"去中心化"，元宇宙不可能由任何一个巨头、政府或者多个巨头、政府等控制，它会是一个由所有参与者共同参与、共同创建、共同维护的完整的生态系统。区块链技术与元宇宙的核心特征是一脉相承的，因而区块链技术也必将成为元宇宙发展的有力工具。区块链与元宇宙的融合发展将会给我们带来一个崭新的跨越现实与虚拟的、完全开放的新世界，区块链技术本身的开放性可以大大丰富元宇宙的生态类型，进而不断扩展元宇宙的发展边界、想象边界、应用边界。

当前，人们对于元宇宙最大的担忧是，未来随着虚拟与现实界限的打破，每个人的所有个人信息都将成为一串数据、一种数字流。届时，个人的隐私安全、数字财产安全该如何来保证呢？区块链技术让我们看到了彻底解决这一问题的可能。

总的来说，区块链技术是元宇宙发展的关键性技术，元宇宙的发展一定是建立在区块链技术高度发展基础上的。头部互联网厂商在元宇宙领域的踊跃布局，必然会带动一大批中小企业以及个人的跟进。可以预见的是，元宇宙必然会迎来一个繁荣高速的发展黄金时期，区块链技术也会由此进入一个不断升级、优化的发展过程。

区块链技术：元宇宙的经济机器

元宇宙是一个虚拟现实空间，未来，随着元宇宙的逐渐发展，一定会诞生出具有独立性的经济系统和运行规则。在元宇宙中，人人都可以拥有自己的虚拟身份，都能够以虚拟身份在元宇宙中从事内容创作、价值交换等经济活动，届时，一切都可以是数字化的。元宇宙中的虚拟货币与现实世界的货币也会形成互兑、互通。

众所周知，只有加入一个经济系统，才能在其中开展经营活动。倘若一个商家在中国售卖商品，而只接受美元支付、不接受人民币支付，或者在美国售卖商品，却不接受美元支付、只接受其他货币支付，那么结果可想而知，一个游离在主流经济系统之外的商家是很难抢占其市场的。

未来在元宇宙时代，所有商品一定是融入元宇宙的独立经济系统的，这也是其在市场存在的前提和条件。元宇宙时代，是一个商品极度丰富、选择极度丰富的时代，一个没有融入元宇宙经济系统的商品或商家是没有生存土壤和空间的。

目前，区块链技术可以被看作是元宇宙经济系统的基础。区块链的数据存储方式是一个分布式数据库，常见的例子不仅有比特币和以太坊，还有 IBM 的超级账本等。区块链最典型的特点是防伪、防数据变更，这意味着区块链很可能会成为元宇宙虚拟货币的基建性技术。如今，每一个区块链生态的建立和发展实际上还是被少数人控制的，各个区块链系统之间的跨平台沟通还是非常困难，未来的发展道路还比较漫长。

可以预见的是，在元宇宙高速发展的野蛮生长期一定会出现众多的各种各样的虚拟货币，一大批互联网头部公司纷纷打造自己的元宇宙小系统，已经可以窥见其虚拟货币种类繁多的端倪了。对于一个经济系统而言，货币权是一个至关重要的权力，一个更可能的结果是，在经历了虚拟货币大混战之后，国家政府等政治机构会以绝对"强制力"来实现元宇宙虚拟货币的统一。

在元宇宙时代，一切内容均可以被数字化，数字资产的流动性提升或将推动资产价值重估，只有背靠庞大的优质内容资源库，才有望在元宇宙时代的内容供给方面扮演重要角色。

作为移动互联网的继承者，元宇宙中的内容将会更加丰富多彩。我们可以通过一些已经落地的相关应用，窥见元宇宙内容层面的一角。

2021 年 11 月，百度在苹果 App Store 与安卓应用商店上线了一款名为"希壤"的社交 App，被称为"中国首款元宇宙应用"。该应用主打的沉浸式虚拟社交，用户在登录时便完成了取名、捏脸等人物塑造，之后便进入了虚拟空间，空间目前只开放了三层，即冯唐艺术馆、百度世界大会会场、商品展示展厅，用户在空间内行走时不仅可以与身旁的用户进行交流，也可以在右上角与小度语音互动。"希壤"已经登录了百度VR的官网，并提供虚拟空间定制、全真人机互动、商业拓展平台三大功能。

要想激活元宇宙中的内容，就必然会依靠一定的经济分配制度去吸引每个人都加入进来，从而成为内容创作者，每个人都可以通过内容创作来获得合理、合法的经济报酬，这将是维持整个元宇宙繁荣内容生态的重要一环。

需要补充的是，元宇宙中的创作者经济层，必须建立在虚拟货币与现实货币可兑换的基础上，这是最重要的前提。只有当在元宇宙中获得的经济报酬能在现实世界中使用时，才能成功激活每个人成为元宇宙内容创作者。区块链技术就是元宇宙的经济机器，承担着虚拟世界与现实世界货币的通兑、价值转换的重要作用。可以预见的是，区块链技术未来一定会在元宇宙中打造出一个完善的、安全的、开放性的经济系统。

区块链接通虚拟价值与现实价值

随着人类社会的不断发展，价值交换的形式也发生了一系列变迁：在原始社会，人们主要是通过物与物的交换来完成价值交换的过程；后来出现了货币，从贝币、刀币到圆形方孔钱，再到纸币，在非常漫长的一个历史时期内，人们主要是将货币作为价值交换的媒介，卖掉多余物资来获得货币，再使用货币去购买自己所需的物品，价值交换最终得以实现。

互联网的出现和繁荣发展让价值交换的形式发生了历史性的变革，出现了虚拟价值与现实价值交换的雏形。

伴随着互联网的崛起，出现了一个新兴的行业——网络游戏，网游行业是最早出现虚拟价值与现实价值交换雏形的地方，尤其是在一些玩家众多、非常火爆的游戏圈，高级别的游戏账户、少见的游戏道具在现实世界中具备了"商品"属性，一些游戏发烧友愿意高价买道具、高级别账号，于是"游戏充值—获得虚拟道具等数字资产—卖掉虚拟道具等数字资产—获得现实世界货币"的闭环得以实现。尽管这种现象只出现在非常小众的游戏圈中，但这可以被视为未来虚拟价值与现实价值无障碍交换的雏形。

目前，游戏是最接近元宇宙的行业之一。Roblox，一家沙盒类游戏公司，其专门服务于儿童和青少年群体。在创始人 Baszuki 看来，"Roblox 是一个 3D 社交平台，你和你的朋友在其中可以身处不同的地方。你可以在参加时装秀，或者你在龙卷风中生存，或者你是一只鸟、靠捕虫生存，就像我小时候，我会出去玩海盗游戏。在 Roblox 上，人们在社区创建的 3D 环境中玩耍"。

在接受《福布斯》杂志的采访时，Baszuki 表示希望建立一个想象力的终极平台，在云中创建一个身临其境的 3D 多人游戏平台，让人们可以一起想象、创造和分享他们的体验。

Roblox 和人们意识中对游戏公司的认知并不相同，公司不从事制作游戏的业务，而是通过提供工具和平台给开发者提供自由的想象空间，从而创作形成沉浸式的 3D 游戏。从每个人都有唯一的数字身份用于社交到 Roblox 的货币可与真实货币转换，再到支持 VR 设备能增强沉浸感……尽管 Roblox 只是一家游戏公司，但这些元素与元宇宙都有很强的相似性。可以毫不夸张地说，Roblox 构筑的 3D 游戏世界是目前与元宇宙最为接近的"世界"之一了。

尽管游戏是更接近元宇宙的存在，但这并不意味着游戏就只是游戏。相反地，游戏具有很多价值延伸的可能，游戏中的玩家既可以是消费者，也可以是创造者；既可以购买虚拟世界的物品所有权，也可以在虚拟世界中听音乐会、参加各种活动等。

虚拟价值与现实价值交换的场景正在变得越来越丰富、越来越广泛。在虚拟价值与现实价值交换的过程中，区块链技术扮演着重要的桥梁角色，它可以接通虚拟价值与现实价值。

那么，数字资产的确权、转移怎样实现呢？盗号、黑客攻击……相信每个网民对于此类事情都不陌生，在支付宝发展早期，不少人都遭遇过账户内资金被盗、QQ等数字社交账户被盗的情况。尽管今天的网络安全环境变得越来越好，但随着人们资产数字化步伐的加快，数字资产的确权、转移依然是一个亟待解决的大问题。区块链技术的价值就在于它可以为数字资产确权，并能够充分保证数字资产转移的安全、可信。

基于区块链而存在的NFT可以保证数字资产所有权的唯一性，任何一种数字资产都不可能同时被多个人拥有，这种唯一性是数字资产价值交换的重要基础。区块链是一个公开的去中心化的共享账本，数字资产的转移、虚拟价值与现实价值的转移等只要被记录到区块链上，就可以随时可查、永久记录，且信息不会被篡改、真实可信，这就可以充分保证虚拟价值与现实价值交换的顺畅进行。

区块链与元宇宙的蓬勃发展

2020 年初，"视频""直播"这种三次元的商业形式迎来了爆发式增长。令人感到唏嘘的是，到了 2021 年底，不管是"短视频"还是"直播"，似乎都迎来了发展的拐点。

一大批短视频原创者正在停更或停更的路上，直播带货的主播们纷纷陷入了"销售量不及坑位费"等商家的负面声讨中，加之国家对直播行业的规范化管理，不少头部主播涉嫌偷税、漏税、补税等，曾炙手可热的短视频、直播正在迎来降温，这意味着移动互联网的下半场盛宴已经见顶。

在这种大背景下，科技巨头正在寻求下一代互联网的新增长极，新一轮的产业轮动周期已经开启，区块链技术与元宇宙也将迎来蓬勃发展。

就像我们接入互联网、移动互联网需要借助电脑、智能手机、iPad 等硬件终端一样，元宇宙的接入也要依托硬件。有业内人士认为，XR 设备将是通往元宇宙的第一入口。2021 年，VR 设备的出货量超过了 1 000 万台，奇点已经出现，元宇宙即将迎来大爆发式的发展。

2021 年，VR 硬件出货量超过 1 000 万台，这与 2003 年的智能手机出货量是基本相当的。移动互联网的发展与智能手机的不断普及是同步的。作为元宇宙的重要入口，VR 硬件的出货量与元宇宙的发展也必然是同步的。

有专业机构预测：到 2024 年 VR 的硬件出货量将会超过 1 亿台。VR硬件的逐渐普及会为元宇宙带来新用户，从而催生出元宇宙新内容，进而倒逼后端基建、底层架构、人工智能、5G 大力发挥作用，并正反馈于内容端，从而刺激内容、应用生态的进一步爆发。

随着 VR 等智能硬件的普及，元宇宙必将会迎来一个快速发展期。作为元宇宙的基础技术，区块链也会随着进入一个全新的发展阶段。

尽管区块链技术诞生的时间距今只有十几年，但它已经历过从 1.0 到2.0 的升级式发展。在区块链 1.0 时代，建立了一个基于区块链技术的数字货币系统，数字货币让区块链进入了大众视野；在区块链 2.0 时代，区块链技术通过智能合约建立了一个新的信任机制，这种更低成本的信任机制迅速席卷了很多行业，使得区块链技术的应用场景突破了数字货币的狭窄领域，进入了更多行业，甚至参与了各个行业的信任机制改造。如今，区块链技术的发展还处于 2.0 时代，但这并不是终点。相反地，这只是区块链技术繁荣发展的前奏。

业内人士认为，区块链 3.0 时代即将到来。届时，区块链技术的安全性特征，势必会被大规模地引入商业应用，可以说，区块链 3.0 时代将会对整个社会的商业产生巨大的颠覆，它将会影响到更广泛的人，进而成为像互联网、移动互联网一样改变世界、改变人类社会的重量级技术。

早在 1971 年，互联网还未诞生，乔姆斯基就提出了"去中心化"这一概念。我们不得不承认，乔姆斯基是一个伟大的洞见者，他预见了社会去中心化的整体发展趋势。如今，这种"去中心化"的过程还远远没有完成，区块链和元宇宙是新一代"去中心化"的典型代表，两者的融合与发展将会带领人类社会去往一个从未涉足过的新世界。

第7章
支撑：元宇宙的
虚拟技术

了解元宇宙的两大发展结构

当前，元宇宙的发展结构主要分成两类。

第一类是传统的互联网巨头和在移动互联网时代产生的互联网巨头，比如谷歌、微软、Facebook 等，它们在自己的中心化的传统业务模型中延伸出了一个虚拟世界，致力于不断提升虚拟世界的体验感，从而寄希望于把现实世界的一部分功能在虚拟世界实现，而现实世界一部分功能在虚拟世界的实现可以大大缩短人们的时间成本，以此来提高效率。

2021 年 3 月，元宇宙第一股 Roblox 在纽交所成功上市，全球的互联网巨头纷纷开始在元宇宙领域布局。2021 年是元宇宙的元年，元宇宙元年的到来，与新冠肺炎疫情的影响也有一定关系。新冠肺炎疫情的大流行使得全球都处在疫情防控中，大众或被强制或为了避免感染风险，纷纷减少了外出活动，尤其是不必要的线下人群聚集类活动大量减少了。与此同时，大众在网络上花费的时间呈现明显增长的态势。从客观上来说，新冠肺炎疫情大大加速了元宇宙元年的到来。

Meta 发布了 VR 社交平台 Horizon、微软发布了会议协作平台 Mesh，百度加速推出了元宇宙社交平台"希壤"、网易发布了伏羲沉浸式系统"瑶台"……

目前，国内外布局元宇宙行业最激进的科技巨头是 Facebook，扎克伯格公开表示：Facebook 计划在未来 5 年内转型成为一家元宇宙公司。2021 年 10 月 28 日，Facebook 更是直接宣布将公司名称改为"META"，公司股票代码从 2021 年 12 月 1 日起变更为"MVRS"。在扎克伯格看来，元宇宙是下一个前沿。为了在这一新兴领域获得先发优势，从现在就开始专注于以虚拟现实为主的新兴计算平台，这无疑是非常大胆的举措。

第二类是目前像在"币圈"这个系统中，就是完全构造一个跟现实世界没有任何关联性的虚拟世界，最典型的就是各种游戏，比如说《分布式大陆》，林俊杰在《分布式大陆》上花费 2 000 多万元购买了三块虚拟土地，它是构造了一个完全的虚拟世界，这个虚拟世界更多是以游戏而存在的，人们在那里面是为了享受娱乐生活，其实它更多像一个娱乐世界。

《堡垒之夜》已经实现了与社交活动的深层次绑定，从这款游戏中，我们不难预测：未来元宇宙将会赋予游戏社交功能。

《堡垒之夜》是目前最接近"元宇宙"的系统，它已经不完全是游戏了，而是越来越注重社交性，正在逐渐演变成一个人们使用虚拟身份进行互动的社交空间。2019 年 2 月，棉花糖乐队举办了以"堡垒之夜"为主题的第一场现场音乐会；2019 年 4 月，漫威的《复仇者联盟：终局之战》在《堡垒之夜》提供了一种新的游戏模式，玩家扮演复仇者联盟，与萨诺斯作战；2019 年 12 月，《星球大战：天行者的崛起》在《堡垒之夜》举行了电影的"观众见面会"，导演 JJ Abrams 接受了现场采访。

元宇宙时代既是一个物质极大丰富的时代，又是一个人工智能技术高度发达的时代，还是一个人们的时间、精力被人工智能大量解放出来的时代。届时，整个社会的矛盾将会发生根本性的改变，满足人们的需求将变得轻而易举，而发展的最主要矛盾将会衍变为制造需求。

在参与元宇宙游戏的过程中，人们会激发出多种多样的需求，比如游戏人物的个性化形象、游戏场景的个性化布置、在参与游戏创作中的技术需要、在提升游戏技能时的学习需要等，每一款元宇宙游戏都伴随着大量的需求产生，人工智能可以以游戏作为切入口，收集广大玩家的需求，并以需求为中心来推动元宇宙虚拟世界的发展和人工智能技能上的升级、改善等。

一些业内人士认为，企业所搭建的元宇宙系统都是孤岛，在很大程度上，元宇宙的繁荣发展还是要依托政府的鼓励与主导的。"火车跑得快，全靠车头带"，而在元宇宙的发展中，政府就充当着"车头"的角色，把行政区划作元宇宙的"基站"，将更便于政府充分发挥火车头的带动作用。

未来的元宇宙到底应该是什么样子呢？未来元宇宙到底应该创造什么样的价值呢？时间最终会给我们答案。

虚拟技术升级：AR、VR、XR

终极的元宇宙是一个虚实相生的数字世界，人不必去区分虚拟世界与现实世界。俗话说，万丈高楼平地起，元宇宙的建设和发展也将是如此。如果说搭建元宇宙就像建设一栋气派的高层大楼，那么和建楼一样，所有工作都必须从打地基开始，而基础设施就是元宇宙的地基，虚拟技术则是元宇宙在打地基过程中最重要、最关键的一环。

虚拟技术是伴随着计算机而产生的。20 世纪 60 年代，在计算机图像学、计算机仿真、多媒体、传感等技术的基础上，出现了虚拟技术这一交叉学科。在很长一段时间，虚拟技术并没有受到大众的关注，一直到 20 世纪 90 年代初，虚拟技术开始被视为一门比较完整的学科体系，才走进了主流社会和大众的视野。

进入 21 世纪，随着互联网和移动互联网的快速发展，也大大推动了虚拟技术的升级。简单来说，虚拟就是计算机生成的特殊环境。起初，虚拟技术是非常粗糙的，计算机生成的特殊环境画质差、分辨率不高、不会让人产生沉浸感……随着技术的不断升级换代，计算机生成的特殊环境变得越来越逼真、仿真，观察今天的网游、动漫等文化产品，当我们戴上耳机、全身心沉浸地观看画面时，会产生一种非常"逼真"的感受。如今的虚拟技术已经融入了每个人的生活。

虚拟技术是元宇宙的重要支撑，只有具备了虚拟技术高超的硬件设备，元宇宙才能得以构建出高质量、有吸引力的入口。元宇宙的入口并不是单一的，就像今天的互联网一样，我们可以通过智能手机进入网络，也可以通过电脑、平板电脑等进入网络。实际上，进入元宇宙的多样化入口也是代表了虚拟技术升级的方向。

目前，虚拟技术的发展方向或者说升级之路，主要有以下三种可能。

1.VR

VR，也叫"虚拟现实"，是通过VR设备进入一个虚拟环境，在这个虚拟环境中，人借助VR设备可以看到立体的、具备空间感的图像，从而产生一种身临其境的感觉。

如今，有不少人认为，VR眼镜是最有希望成为元宇宙入口的硬件设备。毕竟这一设备已经成功问世，一部分游戏玩家已经切身体验过这种技术带来的"虚拟现实"感了。目前，VR产品已逐步进入了消费级层次，零售产品报价在500~4 000元，已经面向了C端消费者，VR内容及应用也开始发力，其中游戏内容生态已形成了以爆款游戏来驱动用户增长以及用户反哺游戏内容丰富的良性循环。

2.AR

AR是一种增强现实技术，在这种技术中，我们身处的环境并没有变化，而只是将计算机图形叠加到了我们通过 AR 设备看到的内容上。AR 更强调与现实交互，其目的是为用户提供在真实环境中的辅助性虚拟物体，其本质是用户视野内现实世界的延伸。

AR 关键是如何在虚拟环境里重构现实世界的物体以实现"现实—虚拟"交互，而目前的技术瓶颈则主要在算力与算法方面。AR 产品仍然处于发展初期，相关新品的报价在 20 000~50 000 元，主要面向特定企业级用户。

MR 是一种混合现实技术，属于 AR 的进一步发展，它所营造出来的是合并现实和虚拟世界产生的新环境。在这个环境里，现实中的事物与数字对象是共存的，并能实现实时互动，进而可以增强用户体验的真实感。比如医生通过 MR 眼镜可以清晰看到现实病人身体上的骨骼、神经、血管等的分布，从而方便开展治疗工作等。

3.XR

XR 是一种扩展现实技术，包含了所有的 AR、VR、MR 领域。高通自 2015 年开始布局 XR 芯片，发展至今，已具备支撑硬件设备的强大性能。2019 年 12 月，高通发布了基于骁龙 865 衍生的 XR2，其集成了高通的 5G、人工智能及 XR 技术，并且高通 XR 芯片已被广泛应用于主流 VR/AR 设备上。同时，XR1、XR2 所支持的 XR 平台已经应用于 50 多款商用设备中。整体来看，目前搭载 XR 芯片的设备已经发展到一定量级，有望进入快速增长的时期。

未来，虚拟技术升级的最终方向究竟是哪一个？让我们拭目以待。

数字孪生技术与数字原生技术

人类的每次重大的技术革命带来的不仅是生产力的飞速进步，还伴随着人们生活方式的变化。铁器的发明使得人类社会步入农业经济时期，铁质农具、铁质锅铲进入了个人和家庭的生产生活；蒸汽机和各种大机器的发明使得人类社会进入了工业经济时期，随后人们出行开始用蒸汽机车代替马车，手工织布也被织布机所取代了；20 世纪，随着计算机互联网技术的发明和普遍应用，电话、手机进入了人们的生活，打电话、视频替代了传统纸质书信，通过网络购物成为一种主流……

互联网、移动互联网的快速发展不仅彻底打破了传统商业格局，还彻底颠覆了人们的生产、生活方式。如今，数字经济已经成为全球经济发展的热点，也成了我国经济发展的强大驱动力。当数字经济逐渐成为整个社会的产业核心时，其背后必然有技术的驱动，数字孪生技术和数字原生技术就扮演着这样的驱动者角色。

关于数字孪生，早在 2002 年，美国密歇根大学教授 Dr. Michael Grieves 就在自己的一篇文章中提到了这一概念。他认为通过借助物理设备的数据，可以在虚拟（信息）空间中构建出一个可以表征该物理设备的虚拟实体与子系统，并且这种联系不是单向和静态的，而是在整个产品的生命周期中都联系在一起。

以身体区域网络为例，未来，如果每个人身上都有纳米机器人，可以随时收集整理人的各个器官的运行数据，从而在互联网世界中形成一个网络孪生生命体，那么在网络中就可以实时跟踪查看我们的健康状态，倘若发现了病变，我们只需借助网络对身体内的纳米机器人发出相应指令，就能够对病变进行干预和治疗了。

数字孪生是不可逆转的未来发展趋势，届时也会对整个商业领域产生翻天覆地的影响。人们可能只需借助可穿戴式 VR 设备，就能随时进入任何一个数字国家和数字城市、尝到各个地方特产的味道、摸到虚拟店铺中的商品，与虚拟店铺中的工作人员进行更密切的情感交流等。借助 VR 设备，我们也可以足不出户就体验到世界各地的风情、买到我们感兴趣的商品。

经过十几年的发展，如今数字孪生已经形成了国际统一定义，即充分利用物理模型、传感器更新、运行历史等数据，集成多学科、多物理量、多尺度、多概率的仿真过程，在虚拟空间中完成映射，从而反映相对应的实体装备的全生命周期过程。

数字孪生是在虚拟世界中对已知物理世界的事物进行仿真建模，当人工智能足够智能化，便可以在数字世界中原生出很多内容，或者用户通过轻便化的工具原创出在现实世界中不存在的内容，即数字原生。当数字原生的东西足够大、足够强盛，必然会反过来影响现实世界，并且与现实世界相互融合，即虚实相生。

可以毫不夸张地说，数字原生技术是从"以物理世界为重心"向"以数字世界为重心"迁移的关键，其发展也必然与区块链技术、元宇宙同频共步。在数字孪生技术尚未成熟的今天，虽然我们还难以真正看到数字原生技术的完整场景，但有一点可以肯定，技术的发展一定会从数字孪生到数字原生，最后走向虚实相生。当虚拟世界的事物足够强大后，必然会反过来影响现实世界，并且与现实世界相互融合。从技术的角度出发，新一波技术变革未来一定会深刻地影响我们的世界，就像移动互联网一样，数字孪生和数字原生技术支撑下的元宇宙也会重塑各行各业，数字经济将进一步升级至虚实相生经济。

数字孪生的应用：人机交互

近年来，随着智能家居、智能音箱、遥感技术、语音识别等技术的发展，科幻正在逐渐走进现实。"小度小度，打开窗帘/电视/空调""Siri、Siri，讲一个笑话/唱一首好听的歌"……如今，不少追求潮流、时尚的年轻人纷纷迷上了智能家居，如果拥有一个智能音箱，那么只要依靠语音就可以实现多种家电的智能联动，从开关家电到拨打紧急联系电话，智能音箱的功能正在变得越来越强大。

智能家电也在让人们的生活变得更加智能化、科技化。在下班前，只要轻轻点击手机，就可以提前开启家中的空调、热水器、扫地机器人等家电，这样回到家就能立即享受到适宜的温度、干净的环境和温度适宜的洗澡水。

如今的智能家电已经可以通过与手机等智能终端的互联实现远程操控了，随着人机交互智能语音操控、传感、大数据等技术的发展，家电、家居等的智能程度将会朝着"科幻"的方向发展，甚至会超出我们目前的想象力。

数字孪生的应用看似离我们普通人非常遥远，而实际上，人机交互是数字孪生的基础性应用，已经开始悄无声息地进入我们的日常工作、生活。除了上述提到的智能家电，机器人客服、车载智能导航也是非常典型的应用。

元宇宙的高度仿真性、沉浸感离不开数字孪生技术的支撑。理想的感知拟真应该具有一切人所具有的感知，这也是当前 VR、AR 设备在极力追求的理想状态。如今，虽然一些 VR、AR 设备已经可以做到视觉、听觉、运动感知的仿真模拟，但在嗅觉、味觉、触觉等方面还比较欠缺，尚未达到技术成熟的发展状态。

现实中的自然人在元宇宙中进行数字孪生时，要想实现完全沉浸感的效果，就必须让孪生出的数字人在眼神、表情、头部转动等肢体动作方面与现实中的人完全相一致、相适应。自然技能就是指处理元宇宙参与者的表情、动作等相关数据，并对参与者的输入做出完全的、无损耗的实时响应，并反馈到元宇宙中数字孪生人的身上。

从目前元宇宙的发展来看，游戏世界是与元宇宙世界最接近的存在，我们可以通过网易的 MMORPG 游戏来认知元宇宙中数字孪生的应用。

目前，网易已有瑶台沉浸式活动系统、虚拟人、星球区块链等元宇宙概念产品落地，并投资多家虚拟人领域内的创新公司，全力推动了从前端研发到终端商业场景应用的元宇宙全链路探索。

网易推出的两款产品赋能 B 端 AR 营销、会展陈设等多场景，这值得引起注意。一个是 AR 内容创作管理平台——网易洞见；另一个是一款增强现实互动投影仪——网易影见。

网易洞见为 AR 创作者提供了集全栈技术能力、可视化编辑工具、高效 AR 内容创作及分发的"一站式"工作流。网易洞见的优势包括激光视觉融合建图、空间定位与语义化、统一描述语言、可视化空间编辑工具、多硬件兼容性等。

网易影见可将虚拟信息投射到现实空间并与物理世界进行交互，同时支持平面点击、空中手势、物体交互等互动方式，并且能够应用于儿童教育、数字展陈等领域。网易影见的优势包括平面点击、空中手势、实物互动、图像识别等。

此外，网易还推出了能够实现跨游戏流通、跨服务器流通的伏羲通宝，可以帮助玩家进行游戏资产的跨界转移。目前，伏羲通宝已经接入了武侠游戏《逆水寒》、玄幻游戏《新倩女幽魂》、动作手游《流星蝴蝶剑》、3D幻想大作《天谕》等游戏。

传感设备是自然人与元宇宙的三维交互设备，目前，传感技术正在不断发展。总的来说，元宇宙中的数字孪生应用才刚刚开始，未来随着元宇宙内容生态的不断完善，会有更多不同形态优质内容的接入，元宇宙中的人机交互技术也会不断发展，进而为用户提供更丰富、更优质、更真实的体验。

3D引擎：今天的虚拟现实场景

引擎一词似乎并不难理解，汽车引擎是指汽车发动机，但说到互联网行业的引擎，如果是非行业内人士，就很难理解引擎是什么、3D引擎又是什么。

说到 3D 引擎，就绕不开其诞生。20 世纪 90 年代，在游戏行业出现了 3D 引擎，《德军司令部》3D（*Wolfenstein* 3D）就是当时一款使用 3D引擎的经典游戏之作，这是一款第一人称的射击游戏，在这款游戏诞生之前，绝大多数游戏都是 2D 游戏，也就是游戏的画面中只有 X 轴和 Y 轴，曾经风靡一时的冒险岛就属于 2D 游戏。此外，我们非常熟悉的《贪吃蛇》《俄罗斯方块》也属于 2D 游戏。2D 游戏的典型特征是，画面中的人物、场景都是平面的图像。

《德军司令部》3D（*Wolfenstein* 3D）在 2D 游戏 X 轴和 Y 轴的基础上，增加了 Z 轴，让画面一下子有了纵深感，使向前、向后移动成为可能。从 2D 到 3D 的转变是破天荒的，随后市场上便出现了一大批 3D 游戏、动画。如今当我们看着越来越有真人感的国漫动画时，3D 似乎并不遥远，而是已经融入了人们的日常娱乐。

所谓"3D 引擎"，简单来说就是一种开发工具，可以将现实中的事物抽象化表现，进而在计算机进行相关计算后，最终输出 3D 图像的算法实现的集合。如果说元宇宙是从虚无中生出一个新的世界，那么 3D 引擎就是建立元宇宙这个"虚拟现实"世界的工具。

3D 引擎需要具备两个最主要的功能：一是渲染，只有无限趋近于现实的渲染，才能够让元宇宙真正成为一个虚拟即现实、现实即虚拟的新世界，进而才能真正打破虚拟与现实之间的界限和樊篱；二是交互，元宇宙的核心就是实现自然人与虚拟身份、虚拟身份与虚拟身份、虚拟身份与人工智能的无卡顿、即时高效地交互，只有拥有强大的交互能力，才能真正提升元宇宙的沉浸感。

如今，游戏是更接近元宇宙的存在，已经成为互联网行业的基本共识。从游戏技术层面来讲，与游戏相关的技术，如支持游戏程序代码与资源（图像、声音、动画）的引擎等开发工具，将关乎元宇宙中的内容呈现。

Unity 是全球最大的游戏引擎公司，第二大公司则为 Unreal Engine。在专业游戏引擎领域，技术壁垒较高，基本上以 Unity、UE 两家独大，其主要专业服务于 B 端客户，比如程序员、开发商等，助力企业在元宇宙时代转型。然而，未来元宇宙中还有更多的创作者来自普通用户，因而除了专业游戏引擎，类似于 Roblox Studio 这种上手门槛低的开发工具也将是游戏技术的重要发展方向之一。

专业开发引擎和普通开发引擎分别代表了两类元宇宙世界的建造方式：PGC 和 UGC。通过 PGC 模式建造的元宇宙世界，其画面更精美、用户沉浸感更高、仿真度更高；而在 UGC 模式下，建造元宇宙的门槛更低、用户量级更大，将更有利于激发普通玩家的创造力，普通玩家可以凭借较低的学习门槛来掌握此类开发引擎，从而促进更多相关的创造作品产生，例如 Roblox，虽然该平台上的场景和图形简单，但依旧具备承载较大用户量级的能力。

未来，专业引擎会通过降低使用门槛来提升其应用性，普通引擎也会通过不断改善游戏画面来提升场景的精致度和沉浸感。两类开发引擎的性能会逐渐同化，从而呈现殊途同归的发展趋势。

3D 引擎与元宇宙关系密切，如果没有 3D 引擎，元宇宙就难以实现了，而 3D 引擎技术的不断发展也会不断促进元宇宙的发展。

显示技术让感知交互不断深化

当前，我们正在被各种各样的屏幕包围着：手机屏、平板电脑屏、电脑屏、电视屏、车载屏……在一个处处屏幕的时代，视频早已经成为一种主流的传播方式。

在互联网发展早期，读图都被视为贬义概念，被大众认为会对人的思维和思考方式产生负面影响。随着各类智能终端和移动互联网的快速普及，电视与视频的边界正日渐模糊，跨时空、跨平台的大视频时代正朝我们呼啸而来。

视频的传播方式是"Face to Face（面对面）"，这种传播方式既是最接近人类传播最初形态的，也是比文字、图画更易被大众广泛接受的更优质、更高级的传播载体。当今，几乎所有媒体机构都高度重视视频，可以说"无视频，不传播"，尤其在商业领域，"无视频，不生意"已经成为现实，视频已经成为创造体验经济的主战场。

互联网视频经济的火爆与显示技术的进步是分不开的。从本质上来说，互联网实现的是将人的视觉、听觉数字化。互联网仍是在二维空间上呈现的，移动互联网在 PC 互联网的基础上，进一步扩展了时间与空间的广度，尽管移动设备的可移动性使得人们可以随时随地地获取信息，但此时的空间呈现仍是以二维为主。

元宇宙与互联网、移动互联网最本质的不同是，其突破了二维呈现的范畴，能够实现时间、空间和感官体验的三维呈现，这也是元宇宙最令人期待的科幻场景。很显然，虚拟实境的高仿真性需要高度发达的显示技术来作支撑，显示技术是关乎元宇宙感知交互程度的关键所在。

从 20 世纪 80 年代开始，日本、韩国、欧美等国家和地区就已经开始了对立体 3D 显示技术的研发，经过 30 多年的发展，3D 显示技术也在不断趋于完善。

传统的 3D 显示技术主要是通过拍摄时互成角度的摄像机拍摄出的两组图像来产生立体感，这种显示技术需要观看者带上偏光镜来消除重影，只有这样，才能依靠视差来产生立体感的观看感受。

此后，人们又研发出了自动立体显示技术，也被称为"真 3D 显示技术"。观看者不必戴特定的眼镜，就可以利用"视觉栅栏"，让人的两只眼睛分别接受不同图像，从而形成立体式的显示效果。与传统 3D 显示技术不同的是，基于视觉栅栏原理的真 3D 显示技术提供了两组存在 90 度相位差的柱图像。

如今，最常用的是快门式 3D 技术，这是一种主动式 3D 显示技术，是通过提高画面的快速刷新率来实现的。只需将 3D 信号输入现实设备，不少于 120 赫兹的图像便会按照帧序列的格式来实现左右帧的快速交替，红外发射器会将这些帧的信号传输出去，随之人佩戴的 3D 眼镜就可以刷新并同步实现左右眼观看对应的图像，随后人的大脑会自动对图像进行处理，从而就形成了立体影像。

近年来，为了更好地提升显示效果，不少企业和科研人员做出了多方面的努力与尝试。曲面屏幕、可折叠屏幕已经问世，其可以大大提高显示效果的立体度；激光显示技术带人们进入了真色彩时代，这种技术能显示出人眼能识别的颜色种类的 90%，因而可以更真实地再现客观世界的丰富色彩。

显示技术的不断发展必然会给人类带来一场视觉上的革命，现实世界的人与虚拟场景的感知交互将会越来越深化，虚拟场景也会变得越来越真实，直至突破虚实界限。

元宇宙需要数据、算力支撑

自人类诞生以来，数据、信息的汇总、计算都是依靠人脑来完成的，尽管人们发明了算盘等工具并总结了一系列的实用计算方法，但并没有实现本质上的突破，直到计算机的产生，人类开始进入数字文明时代。

计算机的计算速度比人脑要快得多，自其出现发展到今天，超级计算机的算力已经达到了非常惊人的地步。以我国的超级计算机"神威·太湖之光"为例，它的运行速度超过 10 亿亿次 / 秒，峰值性能高达 12.54 亿亿次 / 秒，持续性能达到 9.3 亿亿次 / 秒，其一分钟的计算能力相当于 72 亿人同时用计算器不间断地计算 32 年。

在 6G 愿景研讨会上，中国移动研究院首席专家刘光毅指出，6G 将可能涵盖互联网的多种应用场景，并将帮助整个社会走向数字孪生。如果说 5G 会引领我们进入一个万物互联的时代，那么 6G 则会让整个社会朝着数字孪生的、虚拟与现实结合的方向发展，元宇宙的到来并不遥远。

构建元宇宙必须以"硬技术"为基础，元宇宙所必需的后端基建包括通信网络、算力与算法等，数据和算力是元宇宙建设和发展的强大支撑。

在现实世界中，电力是非常重要的生产力要素；而到了数字经济高度发达的元宇宙时代，算力将会成为如同电力一样的重要生产力要素。元宇宙中的娱乐、社交、经济、政务等活动都需要超强的算力支撑，届时，人均算力将成为衡量地区数字经济发展的重要指标。

5G 是对现有移动通信系统的全面革新，是人工智能、云计算等新技术在未来大展拳脚的基础。未来，在 5G 通信技术的基础之上，还会出现 6G 等更新、更快的网络通信技术，坚实的通信技术将为元宇宙提供高速、低延时的数据传输通道。

元宇宙时代的数据量级极大，硬件入口为了能够处理数字化的场景，需要非常强大的数据运算能力的支撑；以 VR 为代表的硬件也需要追求沉浸感，这不仅会潜在要求设备的轻便化，也限制了其所能承载的最大运算能力，这也是当前搭建元宇宙需要面临的一个重要的技术难题。

此外，元宇宙还将持续带来巨量的计算需求。随着元宇宙的不断发展，其丰富的内容和场景必将带来数据的爆炸式增长，对算力规模、算力能力等方面的要求大幅提升，这将会进一步促进算力的进步。可以预见的是，算力的发展和进步会反向支撑元宇宙应用的创新，反过来，元宇宙的内容场景创新又会推动算力技术的升级换代、算法的创新速度。

第8章
据实：元宇宙是源于现实的

基于虚拟身份的元宇宙入口

　　大众对于科幻类的文学作品的认知常常呈现两个极端：一部分人认为，科幻小说就是没有现实基础的、凭借人的想象力构建起来的空中楼阁，看完精彩的故事以娱乐自我，仅此而已；而另一部分人却认为，科幻小说中描绘的场景和内容是对未来世界、未来社会、未来人类的一种科学预测，因而他们并不把科幻小说视为虚假，而认为其实现是有极大的可能性的，并尽可能地去搜寻甚至创造其实现的条件。

　　不管大众对科幻类文学作品如何认知，尼尔·斯蒂芬森在其小说《雪崩》中，对未来的技术进行了一番赛博朋克式的探索，其中所描绘的虚拟现实场景催生了人们对于元宇宙的热情。

　　那么，这部诞生于 1992 年的科幻作品究竟讲述了一个怎样的故事，其中所描绘的元宇宙又是什么模样呢？

　　故事发生的背景是在 21 世纪的美国，政府被边缘化，特权阶级和私营企业成为实质上的统治者，整个社会演变成了无政府的资本主义。中层、下层民众不得不生活在水深火热之中，为了短暂逃离无法忍受的现实，每个人都可以进入一个完全沉浸式的虚拟环境。"这个虚构之地，就是元宇宙。"尼尔·斯蒂芬森如此写道。

主人公 Hiro 在失去工作之后，被迫寻找工作来维持生计，于是便成了身兼黑客的比萨送货司机。他与一个名叫 Y.T 的女孩在开展情报工作时，发现了一种电脑病毒——"雪崩"，其不仅可以在网络上传播，还能够在现实中扩散，不仅可以导致人的虚拟身份崩溃，还会造成不可逆的脑部伤害。他们就此展开了调查……

不管是这部诞生"元宇宙"概念的科幻小说，还是向大众展示元宇宙可视化形态的"头号玩家"等游戏，都强调了一个共同点：虚拟化身很重要。

在互联网、移动互联网时代，网络社交头像、网名等与真实身份相区别的数字身份成为大众在网络世界的通行证，这种数字身份可以根据个人喜好进行随时调整，同时也是丰富体验的一个重要组成部分。基于此，目前人们普遍认为，元宇宙的入口也一定是基于虚拟身份的，而不会是以真实自然人身份进入。

每一个参与元宇宙的用户都渴望借此来逃离现实物理因素的桎梏，在元宇宙中，每个人都可以根据自己的内心需求成为心目中、理想中的自己，从而获得更加丰富的、更加逼真的感官体验。从这个角度来说，元宇宙中的虚拟化身是全人类的"刚性"需求，每个人都可以用自己在元宇宙中的虚拟化身来互动社交、工作、娱乐、游戏、消费、生活。

元宇宙中的虚拟化身会比今天我们在互联网、移动互联网上的数字身份更具塑造性和体验性，从脸部五官、情绪表情到手势姿态、肢体动作，都可以实现真实、自然的交互。业内人士认为，虚拟身份不仅是元宇宙的入口，还将是构成元宇宙高度沉浸感不可或缺的重要组成部分。也正是基于此，被称为"元宇宙第一股"的 UGC 游戏平台 Roblox 将"身份"作为"元宇宙八要素"之一写入了招股书。

如今，一些最接近元宇宙的游戏中都为玩家提供了非常丰富的虚拟身份道具服务。以 Roblox 为例，此前官方专门在全球范围内招募了 Avatar 饰品设计师，其目的就是给玩家提供发饰、帽子等虚拟饰品服务，以满足玩家打造虚拟形象的需求。无独有偶，国内致力于打造"社交元宇宙"的 Soul 也给用户提供了"捏脸"等服务，以方便用户塑造自己全新的虚拟化身，值得一提的是，该平台从上线至今，一直都不支持真实头像上传。

毋庸置疑的是，元宇宙的入口一定是基于虚拟身份的。可以预见，未来基于元宇宙虚拟身份打造的服务会越来越丰富、越来越多元化。届时，我们将告别账号密码，进入无密码时代，虚拟化身将成为个人重要的数字资产，承担起元宇宙中所有应用的身份认证功能。

基于地理空间的元宇宙入口

元宇宙最大的魅力是虚拟现实，这就决定了元宇宙所构建出来的虚拟世界一定是与现实世界有紧密联系的，那么这个关键性的联结节点是什么呢？

数字技术的发展使网络系统和物理系统得以统一并出现了信息物理系统，简称CPS。这一系统使得我们身边各种物体具有计算、通信、精确控制、远程协作和自组织功能，从而实现了计算能力与物理系统的紧密结合与协调。在这一系统的加持下，物理世界、网络世界和人类社会之间的界限越来越模糊，一个网络世界、物理世界和人类社会互联互通的元宇宙新世界正在形成。元宇宙比互联网拥有更广泛的联结能力，将会带领我们进入一个"阿凡达"的虚拟现实世界。

未来，元宇宙入口一定是基于地理空间的。高度发达的元宇宙可以将已有的智能生命激发到超能状态，从而实现人体内部、人与人、人与自然之间物质、能量、信息的交流和转换，进而将虚拟的、真实的世界融为一体，最大限度地整合资源。

　　这也就意味着，元宇宙的组成要素是多元化的，既要有虚拟的互联网，又要有虚实结合的物联网，还要有现实中的人，而仅仅满足这些条件是远远不够的，如何定位现实中的人、如何把现实中的人构建成一个现实网络，从而真正实现虚实高度互联，是摆在元宇宙发展道路上的一个不可跨越的重要问题，而北斗卫星导航系统为元宇宙的构建与发展提供了一种新的可能。

　　北斗系统与元宇宙的组成要素重合，可扩展元宇宙的边界。北斗系统由三部分组成：空面段、地面段和用户段。元宇宙以人为本，而人又是北斗系统中的"用户段"，人所身处的空间地点与北斗系统的"地面段"又存在重叠关系。如今，元宇宙的提出还比较超前，而在"空间段"方面依然存在明显短板，而北斗系统则为元宇宙在"空间段"的边界扩展提供了可能性和可行性。

　　北斗系统的定位功能可以大大提升人与物、人与自然的联结，从而进一步促进元宇宙迈进更高速的发展阶段。目前，人与物的联结绝大多数是通过物联网来实现的。单一联结渠道的背后是人与物之间形成的"信息孤岛"，如何打破人与物之间的沟通樊篱以及怎样让人与物的联结更多元、更顺畅、更高效，这是制约元宇宙快速发展的一个重要问题。北斗系统的定位功能不仅可以定位人、定位物，还可以测速。也就是说，北斗系统的高可靠定位同时包含了人的移动、物的移动，再加上导航功能，就构建起了一个动态的人与人、人与物的联结系统。很显然，北斗系统对人与人、人与物联结效率的提升是元宇宙发展的一大助力。

北斗系统的授时能力可以为元宇宙的信息调度提供高精度的标准时间，从而解决因时间误差导致的人与物的不统一等现象。

以出租车为例，如今的滴滴打车与传统打出租车相比，虽然大大缩短了用户等车的时间，同时司机师傅也减少了接单等待时间，但人与车还是难以同步。比如，有时人到了指定地点，车还没来；有时车到了指定地点，人还没来。未来，在元宇宙高度发达的社会，北斗的授时能力可以帮助人与无人驾驶出租车实现高度同步。不仅仅是人与车，在人与智能家居、人与线下服务、人与人社交等方面，也将实现效率的极大提升。

如今，北斗系统已经全球组网成功，天上"星"的实体基础工程已经就位，与此同时，一个依托互联网形成的虚拟世界也在逐渐聚集到云端。

从全国、省、地市到县 / 区、乡镇 / 街道、乡村 / 社区，国家政务数字体系正在快速搭建；基于不同行政区划的行业、企业，正在中国工业和信息化部的推动下"上云"；大大小小的城市也都纷纷在大力推进智慧城市、数字城市建设；网络扶贫计划、村村通"双电"（电子商务、电子政务）信息化工程……一个数字化的虚拟世界正在逐渐形成，从线上孪生的数字网民到数字企业、数字城市、数字中国，一切都正在汇聚到"云端"。"云上"可容纳海量信息，"云"卷"云"舒，可大可小；"云"聚"云"散，可合可分。

北斗系统的天上"星"与汇聚海量信息的数字"云"，必然会逐渐形成"星云一体"的新形态、新事物。这对于元宇宙的发展来说，无疑是一个非常值得期待的未来。

元宇宙是源于现实需求的

联结不仅是互联网的核心组成结构，同样也是元宇宙的最基本组成单位。如同太阳系的中心是太阳一样，元宇宙也有一个既定的中心，也可以被看作元宇宙系统的原点，即"人"。在元宇宙中，人是根本，也是纽带，一切都遵循"以人为本"的基本法，如果没有人，需求也就不复存在，不管互联网还是元宇宙，都将失去存在的意义。元宇宙一定是源于现实需求的，一定是为"人"而服务的，只有旺盛的、强烈的需求，才能推动元宇宙的发展，带领我们进入一个崭新的元宇宙时代。

如今，我们在网上购物时，需要登录电商平台填写收货地址等；未来，我们在网络上看到心仪的商品，只需轻轻一刷指纹或使用智能指环等轻轻一刷即可完成订单。如今，我们在通过网络投资金融产品时，需要去银行柜台进行风险等级认证，即便是在线上也需身份认证等；未来，我们只需说出自己的投资需求，就可以自动进入操作界面。如今，我们想做美甲时，一般会直接进入美甲店或在美团等平台下单后再去店里接受服务；未来，我们只需说出自己的美甲需求，网络大数据就会把这一需求分享给周围所有相关的服务者，如同滴滴打车软件一样，我们的需求会被迅速满足。如今，当我们入住酒店时，必须持有身份证，并经过酒店前台办理一系列入住手续才可以入住；未来，当我们走进酒店时，只需要轻轻一刷指纹，就可以自动联网进行信息确认，从而瞬间完成入住登记。

未来，每个人都是服务提供者，同时也是服务者，元宇宙联结一切，将会大大提升整个社会的资源配置效率。

随着元宇宙的发展，当智能可穿戴设备成为日常用品时，将实现万物互联，终端面板无处不在，唯一性生物特征将成为智能联结终端，手机将被淘汰。届时，银行账号、银行卡、钥匙、各种账号密码等都将成为历史，数字货币将成为交易凭证。

元宇宙以"人"为本，我在哪，中心就在哪，万物皆可互联，处处都是终端。云名片、云社交，来去自由，尽情享受在元宇宙中畅游的轻松与美好；云广告，只要接受信息就可以获得礼品，自己的每一分注意力都可以通过元宇宙实现变现；云分享，上天入地，跨越天、地、人三界的分享将会让个体的影响力越来越大；一键登云，通行整个元宇宙的身份证，将会代替所有的会员卡、身份证、户口本、护照、驾照、各类账号等，从而真正实现一键在手、天下通行。

从个体的精神层面来讲，元宇宙可以将智能生命激发到超能状态，也就是说，未来，马斯洛需求层次理论中的最高需求"自我实现"将会轻而易举地成为可以实现的事情，即便我们只是社会中的一个非常普通的个体，也可以借助元宇宙来"自我实现"。届时，人类将会突破社会阶层的束缚，私有制将被消灭，共产主义真正来临，"按需分配"将成为可能，每个人都可以获得充分、自由的发展。

以"人"为中心，元宇宙将会延伸出两种联结形态：一是从世界到国家、从国家到各层级行政单位的纵向联结形态；二是从金融圈、IT圈到时尚圈、美食圈、文化圈、音乐圈等不同行业的横向联结形态。在实际生活当中，横向联结形态是多种多样的，除了行业与行业之间的联结，企业与企业之间、企业与政府之间、组织与组织之间、不同年龄段圈层、不同地区人群组成的圈层等之间的联结都属于横向联结形态。

纵向联结形态与横向联结形态是在同一个时空里交叉存在的，两者又形成了一种纵横交错、纷繁复杂的联结，从而最终构成了一个立体化、生态化的元宇宙系统。以"人"为中心，纵向和横向联结形态交织成的元宇宙又衍生出了更多的、更丰富的联结，从而更好地满足人的需求。

元宇宙是源于现实技术的

如果说元宇宙是一棵正在不断生长的大树，那么现实已经具备的各种技术条件则是其赖以扎根的土壤。元宇宙并不是一个仅存在于想象中或文学作品中的概念，它是有着扎实的现实技术基础的。

（1）通信技术的迭代使得元宇宙有了从科幻走进现实的可能。2009年，工信部批准了 3G 牌照；10 年后的 2019 年，工业和信息化部批准了 5G 牌照；如今，全国 5G 基站的建设正在大范围地铺开；截至 2021 年 3 月，我国已经建成的 5G 基站超过 81.9 万个，占全球 70% 以上，从而建成了全球规模最大的 5G 独立组网网络，网络切片等新型技术开始商用了。从目前的情况来看，未来中国在元宇宙领域的发展具有先发优势，这对于广大中国企业来说，是一个不可多得的发展机会。

（2）随着区块链、大数据、物联网、数字孪生、5G、人工智能、数字货币等技术的不断发展，成熟地催生了基于多种新技术整合的新型虚实相容的互联网应用和社会形态，为实现元宇宙奠定了坚实的技术基础。

（3）VR、AR 等硬件设备已经具备了相当的市场规模。目前，Meta

旗下的 Oculus Quest 2 销量已达到 1 000 万台。对于元宇宙的发展来说，这一数量是里程碑式的，1 000 万用户是"生态系统爆炸式繁荣"的关键门槛，这既是互联网行业的共识，也是互联网 PC 端、移动互联网手机端经过事实检验过的结论。IDC 等机构的统计数据显示，2020 年，全球 VR/AR 市场规模约为 900 亿元。预计全球虚拟现实产业规模将会呈现快速增长态势，到 2024 年，VR 和 AR 的市场规模有望均达到 2 400 亿元。这意味着，元宇宙并非水中月、镜中花，而是有着客观的现实基础且是能够实现的愿景。

俗话说，万丈高楼平地起，元宇宙的建设和发展也是如此，现实技术是土壤滋养着元宇宙朝着"虚拟"世界不断生长、衍生、扩展。

元宇宙是向虚而生的，这主要体现在它未来会给人们提供的服务上。以网络游戏为例，在目前的互联网中，我们在游戏中交互的内容基本上是由软件工程师、创作者、原画师等真实的自然人设计和渲染出来的，是固定不变的；而在元宇宙中，我们交互的内容将会变成像现实生活中一样是"活的"，比如《黑客帝国：觉醒》整个游戏中的城市，不管是在玩家的视野范围内，还是在其他人视野范围内，道路上的行人、车辆都会在 AI 的驱动下不停地演算"生活"，更有意思的是，玩家是可以通过输入规则或特定指令来参与这个演算的数据流的，从而让整个城市被新指令重新定义。

这只是元宇宙虚拟现实的冰山一角，总的来说，在元宇宙中，一切与我们互动的内容都将是动态的、身临其境的，且与真实的现实世界是没有明显界限感的。届时，不仅虚拟和现实之间的边界将会变得越来越模糊，也将会出现虚拟即现实、现实即虚拟的科幻场景。

元宇宙是源于现实文化的

元宇宙最大的特征就是"虚拟即现实，现实即虚拟"。就如同 2D 动画到 3D 动画的转变一样，元宇宙时代的产品将会给人们带来无与伦比的感官刺激，引领社会进入一个更具科技感、更具吸引力的新纪元。

就像互联网、移动互联网时代的游戏一样，元宇宙时代的产品不仅会更具沉浸感、更具吸引力，也更具"沉迷"性，这意味着届时沉浸感强的产品将是刚需，从幼儿到老人、从男性到女性、从中国到非洲，只要是有人的地方，就一定会有对沉浸感强的产品的需求，甚至可能宠物等具备一定智慧的动物也会有此类需求。

尽管我们对元宇宙高度发达的多元化应用场景还缺乏想象力和预见性，但有一点是可以确定的，即元宇宙一定是源于现实文化的，或者说，元宇宙高度发达阶段的内容生态实质上是现实文化的一种迁移或延伸，人类现实社会的文化需求在元宇宙时代将会得到更好的满足，现实社会的文化或者说人类文明则会在元宇宙中得以更好地延续和发展，甚至是得以永生。

每个身处元宇宙的人都将难以抗拒虚拟文明的影响，就像今天的人们可以为历史悠久、品牌响亮、文化独特的产品付出更多金钱一样，未来，带有虚拟文明标签的产品不仅会更容易受到大众的欢迎和追捧，也更容易获得比普通产品更高的市场溢价。

在如今的信息传播领域，生产工具与消费工具已经实现了一体化，只需要一部智能手机，就可以浏览各种各样的新闻、网络，我们成为一个个标准的传播受众和信息接收者。与此同时，我们也可以借助手机在网络上发布图文、视频、音频等来展示或表达自己，每一个传播受众都是一个信息和内容生产者。

互联网和智能终端的发展大大降低了内容创作的进入门槛，互联网和智能终端就像基础设施，为内容创作、经济新形态打下了坚实的基础。在互联网、移动互联网的整体内容生态中，每个人都是创作者，每个人都可以通过内容创作获得经济上的收入，从而加入其经济圈层。

作为移动互联网的继承者，元宇宙中的内容将会更加丰富多彩，比如前面提到过的"希壤"社交 App。在元宇宙时代，一切内容均可被数字化，要想丰富其中的内容，就要依赖公平的经济分配制度，并给予每个内容创作者合理的收入，只有这样才能够维持元宇宙的生态。

但是，"万变不离其宗"，不管未来元宇宙中的内容会呈现怎样的璀璨光芒，都一定离不开现实社会的文明。究其本质，元宇宙的繁荣必然是建立在广大自然人的需求之上的，而只要是有人的地方，就必然会被人类现实社会中的文化所浸润。

元宇宙是源于现实想象的

从茹毛饮血的原始社会到今天的科技社会，推动人类创造出光辉灿烂文明的原动力究竟是什么？

诚然，人类的需求确实是推动人类社会进步的重要动力，再深入剖析其背后更深层的根本原因，以想象力为驱动的认知革命才是真正带领我们不断走向未知、不断进行创造、不断进行匪夷所思新尝试的根本。

从历史上来说，很多新事物的产生最初的灵感确实是来自人的美好想象。人渴望像鸟一样能够在高空中飞翔，于是热气球、飞机等经过无数前人的反复实验、探索得以问世；人渴望像鱼儿一样能够在水中游来游去、能够深入水下去探索大海的奥秘，于是潜水艇得以问世；人类渴望解放自己、让机器人帮忙劳动，于是全自动化的生产线得以出现；人类渴望知道地球之外会是什么样子，于是有了载人航天技术……

想象力很脆弱，在它还只是处于萌芽状态时，大众会嗤笑其是"异想天开"，而就是这些异想天开的新想法却让人类社会的发展产生了新的动力、有了新的方向。随着时间的推移和技术的发展，曾经的"异想天开"逐渐变成了"说不定真能实现"，又慢慢真的变成了现实。

在千百年前的古人看来，只要拥有一部小小手机，就可以与远在天边的人进行通话，这是完全无法想象的，而如今这已经成为每个人日常生活中再普通不过的场景。

实际上，元宇宙这一概念的出现也是源于科幻作品《雪崩》对人类未来社会的想象。未来，元宇宙的发展也一定是源于现实想象的。如今，已经有越来越多的文学作品、游戏设计都对元宇宙高度发达时代进行了"想象"。

随着元宇宙虚拟现实的实现，上班模式可能会发生巨大变化。届时，在现实世界中上班与在虚拟世界中上班将完全没有区别，虚拟工作将会成为主流，不管身处哪里、住在哪里，只要拥有接入虚拟现实的设备，就可以随时进入虚拟办公室来完成工作任务。虚拟式工作可以让每一个职场人从工作中解放出来更多时间、精力，从而让我们更好地生活、休闲、娱乐。

在元宇宙时代，在线机器人教练将会成为每个人的标配，传统的教育系统、继续教育系统、技能学习系统等将会逐渐消失，并被机器人在线教练取代。同时，在线机器人教练是万能的，它不仅可以帮助我们掌握知识、协助我们完成任务，还可以提升我们的绘画、音乐等艺术修养。元宇宙时代的在线机器人教练就像是科幻小说中人手一个的"智脑"一样，它不仅全知全能，而且具备娱乐、支付、交友、辅助学习、辅助完成任务等各种各样的功能，相当于我们人类的一个智慧管家，且对人类绝对忠诚、绝对可靠。

随着元宇宙时代的到来，我们的交友活动将会被转移到虚拟空间。届时，虚拟宠物、虚拟朋友、虚拟同伴等必然会应运而生。我们的好朋友除了可以是自然人在元宇宙中的虚拟数字形象外，还可能是一个人工智能。与真实的自然人朋友相比，人工智能不会背叛，只要我们有社交需求，它们就不会拒绝我们，人工智能很可能会成为比自然人更受欢迎的好朋友人选。

可穿戴 AR 设备、微型医疗机器人定向清理血栓……伴随着科学技术的发展以及多种多样的"电子器官"多方面的广泛应用，科技生命化的进程不仅会被大大推进甚至有可能出现人机融合的"科幻"场景。

…………

随着元宇宙概念的火爆，大众对于元宇宙的想象也呈现五花八门、百花齐放的状态。既有持悲观状态者认为，人工智能会对人类产生威胁，也有持乐观态度者认为，人工智能的发展以及元宇宙的发展有望让人类彻底从劳动中解放出来，从而真正实现按需分配的共产主义社会。元宇宙一定是源于这些现实想象的，那它究竟会以什么样的面目出现呢？让我们拭目以待。

元宇宙是源于现实能源的

能量既不会凭空产生，也不会无缘无故消失，它们只会以不同的形式呈现，并在不同的形式或状态中转化。能量守恒，这是自然界普遍存在的基本定律，地球上的植物吸收太阳的光与热，并将其能量转化为自己的能量，动物通过食用植物来获取能量而生存，人体的健康和活力也必须通过摄入足够的能量来得以维持。大自然中的能量总量是不变的，它们只会从一个物体转移到其他物体中。

尽管人类从很早就畅想过"永动机"，希望能制造出一种不需要外界输入能量或能源就可以对外做功的机器，但这只能是美好的想象，它违背了能量守恒的基本规律，不消耗能量就可以永远对外做功的机器是不存在的。

汽车、飞机、轮船、火箭、载人航天器……都需要能源，即便是停留在太空中的空间站，也需要能量补给。如今，我们的智能手机、电脑也离不开电力能源，包括基于区块链技术的比特币等数字货币，在挖矿时也同样需要大量电力和算力的支持。

元宇宙也不会例外，它一定是源于现实能源的，这个能源是否一定会是电力，还尚难以定论。世间的万事万物都遵循熵增过程，这种自发地由有序向无序发展的过程，是任何人或任何新事物都无法打破的，要想始终维持一个有序的状态，就必须对抗熵增，而要对抗熵增，就必须有能源或能量的持续性地输入。

打游戏时，突然遭遇卡顿，鼠标点了好几下都没反应，好不容易等到卡顿结束，却发现队友因为自己的失误已经"阵亡"了；赶着时间点上班，着急用钉钉打卡，此时网卡了，钉钉打卡的页面半天没出来，本来可以不迟到，结果却迟到了；新冠肺炎疫情当前，进入公共场所都要打开健康码进行扫码登记，看着和自己一起同行的伙伴们早就登记好了，自己还没进入健康宝的扫码页面……

尽管这些事情在生活中司空见惯，但又常常让我们抓狂，尤其是在着急、赶时间的时候，手机、电脑的卡顿甚至一些气性比较大的"简子们"会摔手机、摔鼠标泄愤。其实，我们所感受到的不便就是典型的"延迟"导致的结果，比如网络延迟、智能设备运行缓慢……未来，随着元宇宙的快速发展，高带宽、低延迟、超快传输速度将会赋予一切产品更优质的体验。在元宇宙中，一切都将是同步的，即便我们在现实世界中的一个表情、一个动作，都会被即时映射到元宇宙中，就像我们照镜子一样自然、无卡顿，可以忽略间隔时间。

俗话说，"心有多大，舞台就有多大"。在元宇宙时代，人的思维速度有多快，信息的传输速度就会有多快，一个完全没有延迟的虚拟世界即将到来。届时，我们每个人都能体会到"所思即所得"的美妙感受。

这也就意味着，支撑元宇宙的现实能源必须是可持续性的、足够稳定的、容易获取的。元宇宙将会是一个永续存在的虚拟世界，需要足够多的、时间足够长的能源供应，这一点对于如今的我们来说还是一个巨大挑战。目前来看，电力极有可能成为支撑元宇宙的基础现实能源，而世界上的一些欠发达地区依然存在着电力短缺、时而停电等状况，电力的供应水平也将是影响元宇宙发展的重要因素之一。

元宇宙是源于现实自然人的

自从地球上出现了生命，生命演化的脚步就从未停止，从简单到复杂、从单细胞到多细胞、从低级到高级、从单一到多元，生命的演化史为我们呈现了色彩斑斓的自然界。在生命演化的过程中，有的物种消失了，新的物种出现了，自然世界的优胜劣汰和革故鼎新一直在发挥作用。实际上，科技的演化与生命的演化是一样的。以交通技术为例，其目的都是更好地提高出行效率，从马车到蒸汽机火车，再到今天的高铁、飞机，旧的出行方式正在慢慢消亡，而更新、更快、更好的交通技术正在不断涌现，这难道不正是一种"生命"的演化吗？

就像自然界的生物一样，科技自身会不断地发展进化。然而，科技在带给人类便利的同时，也会给人类带来危机，比如"环境破坏""污染"等，这就需要我们赋予技术"人性"。

赋予技术"人性"可以促进科技的健康发展，20世纪美苏军备竞赛，两国研制的核武器足以将地球毁灭100次，时至今日，核武器依然是高悬在人类头上的达摩克利斯之剑。赋予技术"人性"，就是从人的实际需求出发，让核能去发电来造福人类，而不是被用于战争。

以人为本、为人服务的科技才是真正有价值的，赋予技术"人性"可以让我们的生活更美好。以电力为例，由于火力发电会对环境造成较大程度的污染，所以被赋予人性的技术没有过多地深入研究火力发电，而是把目光投入了更环保的水力发电、风力发电、太阳能发电等领域，从而大大推动了电力的"环保"进程。

只有技术始终坚持为人服务，才会获得更加长足的发展。未来，赋予技术"人性"是事关科技发展的关键所在，赋予技术"人性"可以让技术与人成为利益共同体，从而和谐共存、共谋发展。

作为互联网、移动互联网的继任者，元宇宙也一定是源于现实自然人且为人服务的，同时也必然会被赋予"人性"。

从本质上来说，技术的发展就是对人类器官的某种扩展。由于人类的视野范围是有限的，无法看到更远处的东西，于是发明了"望远镜"；由于人类无法看到更微小的东西，于是发明了"显微镜"；由于人类的听力范围是有限的，超过一定距离之后，就无法再通过语言来相互沟通，人类渴望有一双"顺风耳"，于是发明了电话、手机等现代化的通信工具；由于人类的双腿行进速度是有限的，所以渴望拥有一双"飞毛腿"或者能像鸟儿一样飞翔，于是发明了马车、火车、汽车和飞机等各种交通工具……

实际上，今天的计算机、手机等已经成为我们的另一种外延式的"电子器官"，虽然人的大脑计算能力和速度有限，但借助计算机则可以在几秒内完成非常复杂的运算；人的大脑记忆力难免会出差错，有时还会出现遗忘等情况，而存储在计算机中的信息不会出错且随时都能通过搜索功能找出来，且不会被遗失……

计算机早已经成为自然人脑的"外挂"，给人们的工作、生活带来了极大的改变，从而大大提高了工作效率和准确度，可以毫不夸张地说，如今的计算机就是一个延展性的"电子器官"。

元宇宙是会比计算机更厉害的人脑"外挂"，它将突破人类现实社会的局限与束缚，给每一个人都带来更丰富、更多元化的体验，也将给每一个人带来更加便利的工作、娱乐、社交与生活。

第9章
共赢：虚拟与现实的共同成长

打造现实与虚拟的逻辑闭环

随着经济全球化和信息技术的迅猛发展，上到中央、下到地方，"数字城市"频繁出现在城市建设的视野之中。

所谓"数字城市"，就是指以计算机技术、多媒体技术和大规模存储技术为基础，以宽带网络为纽带，运用遥感、全球定位系统、地理信息系统、遥测、仿真 – 虚拟等技术对城市进行多分辨率、多尺度、多时空和多种类的三维描述，并利用信息技术手段把城市的过去、现状和未来的全部内容在网络上进行数字化的虚拟实现。

这是一个超现实的概念，或许我们理解起来并没有那么容易。简单来说，数字城市就是现实城市中存在的每一个物体、每一个人在虚拟的网络世界都会有一个映射或代理，人们在虚拟数字城市中可以通过模拟现实中的运行来实现对现实城市的预测和干预。虚拟数字城市中发生的事情可以直接作用于现实城市，尽管这听起来实在有些匪夷所思，但实际上并非不可能。

数字城市并不是孤立的，不同的数字城市可以通过互联网实现互通互联，在这个基于虚拟互联网上形成的数字城市集群或者数字世界中，国家的概念被弱化了，民族、地区的界限也会变得模糊，整个地球会趋于融合成一个整体。

那么，现实中的城市与数字城市之间又是怎样的关系呢？首先，我们每个自然人都是存在于现实世界，实际生活在现实城市中的，现实中的城市不可能被数字城市取代；其次，其实本质上，现实城市与数字城市是形成了一个逻辑闭环，数字城市大大扩展了现实城市的边界，为其注入了新的发展活动，而现实城市则不断滋养着数字城市，数字城市的繁荣既离不开现实城市中的自然人，也离不开人的需求，更离不开现实世界能源的支持，两者互相成就、相互拉动、共同生长。

元宇宙最大的特征是：现实即虚拟，虚拟即现实。从本质上来说，元宇宙要想长长久久地存在并获得持续发展，就必须打造出现实与虚拟的逻辑闭环，虚拟空间必须是对现实社会有益的，只有这样才能获得现实世界自然人的广泛支持，从而才能得以繁荣。与此同时，现实城市与数字城市之间的关系也将会是元宇宙时代现实与虚拟之间的关系。

沉浸感是元宇宙反复重申的一个重要概念，从字面上来讲，也比较好理解，所谓"沉浸感"，就是人会全身心地融入其中的程度，我们可以将其看作空间上的临场感。比如身处雪地之上，我们会看到一片白茫茫，感受到脚下雪蓬松的质感，走路时会听到雪被踩踏的声音，大风刮来时会感受到风中夹杂的雪粒扑到脸上，鼻子会呼吸到雪后清新的空气，这就是空间上的临场感。目前，元宇宙还处于萌芽阶段，触觉、味觉、嗅觉的虚拟化还尚未实现，尽管有些虚拟场景已经越来越趋近于真实，但身处其中的人可以很容易地辨别出这就是虚拟场景，而不会将其视为现实场景。这说明，距离实现百分之百的沉浸感，还有一段很长的路要走。

元宇宙虚拟空间的高度沉浸感将会给现实世界的人们带来一个"世外桃源"，在这里既可以彻底抛开现实中的烦恼，从而获得精神上的满足体验，也可以无障碍地进行社交、娱乐、工作，足不出户也可以完成绝大多数事。元宇宙虚拟世界的巨大魅力会给现实社会带来反哺，犯罪率降低、社会效率提高、人民幸福感增加、拉动现实经济的增长，同时现实世界中源源不断的用户、持续输送的能源、不断加持的技术发展等也会促进元宇宙获得更好的发展。

现实与虚拟的逻辑闭环将会使得现实与虚拟相辅相成，从而共同促进人类社会朝着更美好的"大同"阶段靠近。

虚拟的优势：低成本、高容错

继蒸汽机技术革命和电力技术革命之后，电子计算机、互联网引领了人类文明史上的第三次科技革命。对于整个人类社会来说，互联网的诞生是颠覆性的，它依托技术创造出了一个全新的数字世界。

在计算机与互联网编织出来的数字世界中，现实中的很多事物都可以用数字方式、以虚拟的形式呈现，这种低成本、高容错的方式大大促进了人类社会的更好发展。

过去，我们写字需要笔和纸，当我们写错后，就只能画掉后继续写，如果一页都写错，那么就会浪费一张纸；如今，我们使用计算机打字，不用笔和纸，即便写错了也没关系，只要删除或修改即可，并不会造成笔、纸的消耗和浪费。而且，过去人们书写的成本是比较高的，只有经过反复多年的练习，才能写一手好字，如今书写的成本变低了，只要学会计算机输入法的使用，每个人都可以写一手好字且字体可随意设置，想要什么字体都可以。

过去，我们要建造一座建筑，在开工前，是难以把成品完全展现出来的，而当建筑一经落成，届时如果不满意再进行改动的话，就会造成成本的增加、工时的增加、难度的增加，可以说一经落成则难以更改；如今，我们要建造一座建筑，在开工前，就可以借助计算机完全复刻出完成后的样子，甚至可以细化到窗户、室内布局等，并进行动态全景展示，这可以让我们充分了解成品，如不满意，则可在开工前随时进行调整。因此，计算机的出现让建筑设计、机械设计等变得容错率更高。

基于区块链技术的元宇宙的最大魅力就是虚拟实境，它将是比互联网、移动互联网 2D 虚拟更高阶段的 3D 虚拟，其虚拟的优势也会比如今的互联网更凸显。

虚拟的最大优势就是低成本、高容错率，尤其是在涉及一些人身安全、有一定危险性、一旦出错就会造成巨大损失的事项时，如果能够借助元宇宙的虚拟实境来完成，那么就可以大大降低成本，不会再惧怕因错误尝试而带来的损失。

如今，不少工作是容错率非常低的，比如火箭发射卫星、医疗行业的大型手术、战斗机试飞员对新机型进行试飞等，一旦出现错误，就会导致难以挽回的结果。试想，如果这些事情可以提前在元宇宙中进行多次虚拟实境模拟后，再实际开展，那么必然会大大降低事故率。

如今，影响创新的最重要因素就是创新投入大、风险大、收益又存在极大的不确定性，如果可以借助元宇宙的虚拟实境来进行创新，则可以大大降低创新的成本，无论我们尝试多少次实验，其本质上都是数据流，并不会造成多少实际损失。可以预见的是，随着元宇宙虚拟现实技术的发展，未来人类进行创新的成本将会无限趋近于零。届时，创新的门槛将会不复存在，每个人都可以随时加入创新的队列，海量的创新成果又将推动元宇宙和人类社会的发展。

虚拟，为现实纾困、赋能

经过二十多年的发展，移动互联网流量已经见顶，进入了发展的瓶颈期。中国互联网络信息中心发布的第 48 次《中国互联网络发展状况统计报告》显示：截至 2021 年 6 月，我国网民规模达 10.11 亿人，已经几乎不存在"新用户、新客户"了。

随着大众对互联网内容渐生疲态，元宇宙的虚拟实境为互联网增加了空间性维度，将赋予用户时空拓展层面上的全新体验和价值，为用户创造出沉浸式、交互式、更多感官维度的体验。

元宇宙在内容载体、用户体验、场景、传播、互动等方面都会做出突破性的新尝试，通过增加用户体验的维度，孕育出新的内容形态，从而帮助互联网、移动互联网摆脱内卷化的负向循环，进而重新唤起大众对其内容形态的兴趣度和黏性。从这个角度来说，元宇宙是移动互联网的继承者，它将开辟出一个全新的场景新大陆，通过技术手段建立起全新的规则，有望具备"碾轧式"的竞争力。

现实，让虚拟生态更加繁盛

元宇宙存在和发展的最根本动力是人的需求，去中心化的元宇宙一定是为了人而服务的。生活在现实社会中的每个自然人对于元宇宙的虚拟生态都至关重要，只有有更多人的参与，才会产生更多元化的虚拟生态。现实，可以让虚拟生态更加繁盛。

（1）现实自然人的需求可以催生出更多元、更个性化的虚拟服务。世界上既不存在两片相同的树叶，也没有两个完全相同的人，每个人的想法、需求、思维、个性、处世原则、相貌都不同，而这些不同将会成为虚拟生态发展的原料，进而助力丰富多彩虚拟生态的形成。正如互联网的发展一样，在初级阶段，只有极少数人上网，网络所能够提供的服务少且粗糙，随着上网人数的不断增长，爆发出了满足人们多种需求的应用，各类应用的体验才得以不断地改善和提高。

（2）现实事物将会是虚拟生态的"材料库"。元宇宙是一个全新的虚拟空间，该虚拟空间的所有事物都只能从无到有地慢慢去创建，数字原生技术是元宇宙虚拟生态的关键技术，其原理就是通过数字手段将现实中的人或物虚拟成元宇宙中的数字人或数字物。从这个角度来说，现实是元宇宙虚拟生态的材料库，可以为其提供丰富的内容元素，从而进一步促进其虚拟生态的形成和演化。

　　未来，元宇宙的虚拟生态一定是高沉浸感的且一定具备非常丰富的高仿真的环境模型。人的感知是相互联系、相互影响的，而且是通过多渠道获得的，元宇宙时代的高沉浸感产品一定可以实现人的各种感知数字化，其所创造出来的场景也一定是完整的，而不是只有视线内的场景拟真，相比之下，其他场景都是缩略或省略的。

　　此外，一个很容易忽视的因素是人，当人的精神不集中时，沉浸感会大打折扣。一个 2 小时后必须做某事的人与一个整天时间都自由支配的人相比，两者的沉浸感是非常不同的，人工智能要尽可能地为人提供更好的沉浸环境。只有大大解放现实中人的时间和精力，才能充分保证元宇宙虚拟生态的绝佳体验感，这也是在元宇宙发展过程中必须去完成的目标。

现实与虚拟一定会共同成长

现实与虚拟从来都不是站在对立面的，元宇宙打造的虚拟世界会如同如今的互联网一样，不仅会彻底改变我们现实中的学习、工作、生活和娱乐方式，也会大大提升效率、降低成本、提升体验；现实中的自然人可以通过元宇宙的虚拟世界来获得更好的精神满足，虚拟与现实相互滋养、相互成全，两者一定会共同成长。

尽管元宇宙是一个虚拟世界，但每一个虚拟形象的背后都是一个真实的自然人，自然人在虚拟世界的社交是真实的，获得的体验和感受也是真实的，因而是能够满足其现实需求的。

从大众的需求方面来看，马斯洛理论将人的需求分为生理需求、安全需求、社交需求、尊重需求和自我实现需求，这五大需求可以被归结为两类，即功能性需求和精神需求。如今，大多数人已经满足了吃穿住行、安全、社交等功能性需求，在这样的大背景下，大众的精神需求呈现集中爆发的态势。随着元宇宙时代的到来，越来越多的人会花费大量时间和精力沉浸在元宇宙营造的虚拟现实中，届时人的情感需求一定会在元宇宙空间中迎来大爆发，而现实中的大众需求则会大力推动元宇宙虚拟世界的发展。

此外，元宇宙发展的能源支撑、技术支撑、内容生态建设、规则制定等都有赖于现实中的人做出努力。如果脱离了现实，元宇宙将会彻底失去生命力。

在元宇宙时代的虚拟实境中，现实中的每个自然人都是生产者，同时也都是消费者，届时商品和服务的提供者将会从如今的大企业发展成一个个的人。与此同时，大量的人工智能也会加入进来，成为商品和服务的提供者，我们将会面对非常丰富多样的选择。

正如"一千个人眼中有一千个哈姆雷特"一样，每个人的需求也是独一无二的，如今的工业化大生产模式、互联网头部企业越发壮大的情形让我们的个性化需求难以得到满足，尽管我们比传统时代有了更丰富、更多样化的选择，但距离"所想即所得"还有非常大的差距。在元宇宙时代，虚拟实境可以使个性化得到充分且彻底的释放，人工智能可以依托高超的自动化技术真正满足每个人的需求，而且能够根据每个人需求的变化不断地调整其产品或服务的供应。

元宇宙是移动互联网的未来形态，它将会比今天的智能手机更自由，不仅可以随时随地接入网络，接入网络的方式方法也会更加便捷。

正如元宇宙的典型特点——"虚拟即现实，现实即虚拟"一样，未来随着技术的发展，现实与虚拟的界限将会变得越来越模糊，两者将会以人为中心彻底融合成为一个整体，虚拟离不开现实，现实也少不了虚拟，两者共同成长、共同为人更好地服务。

第10章
发展：未来可期的
丰富应用场景

元宇宙+景点：足不出户轻松游览

近年来，随着我国人民生活水平的不断提升，大众爆发出了旺盛的精神文化需求，进而引发了文旅行业的发展热潮。

近年来，互联网、AR 技术的发展早已经在悄然改变着游览、旅行的方式，一场新的数字化的景点革命早已经在以多种多样的形态融入我们的生活。

如今，不少景区已经越来越重视用户"沉浸感"的提升。在上海市开展的数字景区评选中，将数字景区认定为运用物联网、大数据、云计算、人工智能等技术实现旅游要素数字化、运营管理智慧化、旅游服务个性化，并建立有效统一的管理、服务营销等信息系统的一类景区，景区可以显著提升游客的满意度和体验感，同时可以实现景区的可持续性发展。

如果说数字景区是景区在互联网、移动互联网技术加持下的数字化，那么智慧景区则是建立在数字景区基础之上的再一次业态升级，是数字景区的进化后状态。在北京联合大学教授张凌看来，"数字景区和智慧景区都是指景区的信息化建设。数字化是智慧化的基础，智慧化是数字化发展的高级阶段，和城市的智慧治理密切相关，是个系统工程"。

"5G+AR"无疑可以大幅度地提升用户的沉浸感，一些走在行业前列的景区已经开始尝试采用这种新的方式来提升游客体验度和服务水平了。

故宫博物院、国家博物馆、等一批景点早就推出了线上展览。在互联网发展初期，各类景点上网是以"宣传"为主，一般是在网站上展示图文资料、活动等。随着互联网和移动互联网的快速发展，不仅原来用于以"宣传"为主的网站或平台逐步加入了在线购票功能，一些景区或景点还制作了不少展示类或讲解类的视频，以便用于服务广大用户。

如今，不少景点的在线展览已经做得非常精美了，其画面堪比一些不错的游戏画面，不仅页面简洁，前进、后退、选择地点也都轻轻松松，更有意思的是，还伴随着音乐或讲解，虽然其沉浸度还比不上大型网游，但已经与其越来越接近了，一个数字化的文旅体系正在逐渐成形。

元宇宙是一个虚拟现实世界，身处其中，虚拟即现实，与我们在现实世界中的体验是完全没有任何差别的，因而虚拟旅行一定会在不久的将来出现。

尽管如今的在线展览还只是作为实地游览的一种辅助或补充，但随着虚拟现实技术的发展和元宇宙时代的到来，虚拟游览将会逐渐超过实地游览，进而成为文旅行业的主流。未来，每个人都可以通过设备接入元宇宙来实现虚拟旅行，只要足不出户就可以看遍全地球甚至是包括太空的景色。

　　未来的文旅行业很可能是基于元宇宙无限丰富的文旅资源而发展的，只要足不出户就可以游遍大好河山，不仅免除了旅途劳累，还省去了交通时间，更重要的是，可以实现超低成本旅行。值得期待的是，元宇宙会大大扩展文旅资源的界限，不仅可以涵盖地球上所有的地点，还可以囊括人类在太空中已经发现的星球和人工智能创设出的具有文旅价值的资源等。

元宇宙+博物馆：助力文化传承

　　对于博物馆，每个人都不陌生，中小学生在学校期间，学校常常会组织参观博物馆的集体教育活动。当刚到一个城市或国家时，排在最值得参观榜单上的，一定会有博物馆。可以说，博物馆既是人类文化遗产实物的展览场所，同时也是文化传承和弘扬的最重要渠道之一。

　　过去，博物馆属于公共文化服务单位，并不能从事商业经营活动，直到 2015 年 3 月，国家正式实施的《博物馆条例》明确规定：博物馆可以从事商业经营活动，挖掘藏品内涵，与文化创意、旅游等产业进行结合。2016 年，国家又出台了《关于推动文化文物单位文化创意产品开发的若干意见》等一系列政策，从而大大助推了各大博物馆纷纷快速进入

"文创"发展的快车道。

不少博物馆"八仙过海各显神通"，从参与电视节目录制到进行网络宣传，再到打造知名 IP，推出了一系列极具特色的文创产品。一时之间，很多博物馆变得"潮"了起来，并成为不少年轻人日常讨论的热门话题。

以故宫博物院为例，最初推出的文化衍生产品基本上都是旅游纪念品，不但质量一般、价格高昂，而且没什么新意，因而大众口碑不佳。直到 2013 年，故宫博物院的文创品牌因一次关键转型而大放异彩，印有乾隆皇帝比剪刀手的购物袋、写有"奉旨旅行"的行李牌、"朕不能看透"的眼罩……这批极具特色的文创产品俏皮、灵动、有趣，一经推出，便迅速俘获了年轻人的心，一时间"圈粉"无数。从早期的科普纪录片《我在故宫修文物》到故宫御猫走红网络，故宫博物院一直走在文化传承的前列。

河南博物院的考古盲盒一经推出，就迅速火遍全网。消费者收到的盲盒土块中隐藏着青铜器、佛像、铜镜、玉器、陶器等宝物模型，还有一定概率会出现四神云气图、除罪金简、杜岭方鼎、妇好鸮尊等"镇院之宝"的模型。这种沉浸式的考古体验，让很多消费者兴奋不已。

近几年，不少博物馆纷纷进行了数字化改造，例如智能语音导览、虚拟展品、线上展览、数字藏品等。随着元宇宙概念的火爆，部分博物馆也开始搞"元宇宙"玩法了。

一方面，得益于元宇宙技术的发展，AR、VR 等技术可以大大提升博物馆的参观体验。随着技术的发展和元宇宙虚拟实境的实现，足不出户就可以获得真实游览体验将会成为现实。届时，所有的博物馆都可以突破地域的限制，获得更广泛的游客青睐，从而播散更广泛的文化影响力。另一方面，基于区块链技术的数字藏品可以赋予现实藏品永久的生命，尽管我国一直重视文物保护工作，但随着时间的流逝，一些文物逐渐丧失"活力"是一种必然趋势。此外，如果不恰当保存或遭遇火灾、地震等特大灾害等，都会对现实文物造成安全隐患，而基于区块链技术的数字藏品却不会湮灭、不会消失、不会随着时间的变化而"老化"。从这个角度来说，数字藏品可以更好地延续文化载体，进而助力文化传承。

"元宇宙 + 博物馆"的融合发展并不仅仅局限于此，随着博物馆与元宇宙技术的深度融合，未来通过博物馆的文创产品"梦回古代""身临其境"地体验文物的前世今生将成为现实，尽管我们不能真的"穿越时空"，但虚拟即现实的元宇宙技术可以帮助我们获得更丰富的文化体验。

元宇宙+教育：一站式虚拟大学

随着 VR、AR、人工智能、大数据、区块链等技术的快速发展，虚与实之间的界限必然会变得越来越模糊。就像如今的我们、互联网与现实工作生活的关系一样，我们的现实工作离不开计算机和互联网，我们在现实中的生活也处处都有互联网与智能手机的痕迹，现实与网络，你中有我，我中有你，两者互相包裹，形成了一种微妙的平衡。

在元宇宙时代，虚拟现实会给我们的生活、工作、学习等带来翻天覆地的变化，我们沉浸在元宇宙中的时间很可能会比今天沉浸在互联网中的时间更多。届时，"元宇宙 + 教育"必然会迸发出全新的应用场景，"元宇宙 + 教育"融合发展诞生的一站式虚拟大学将会彻底打破当前以"线下教育"为主、"线上教育"为辅的教育格局。

对于学生来说，"线上上课"是一场和惰性的拉锯战，由于不用出门上学，只需线上点名或打卡，睡到上课时间、躺在床上打卡，然后开着视频课去做其他事是常规操作，甚至一部分孩子连打卡环节都直接省略了，只有被老师反复电话督促才能上线听课。在一些诸如体育课、手工课等课程中，孩子们直接化身成了主播，需要录制完成任务的视频来交作业。普遍来说，孩子们居家"线上上课"的方式比实际到学校中的教室学习效果更差、纪律更差、完成作业的情况也更差。

对于老师来说，从三尺讲台直接化身网络主播，虽然还是像原来一样讲课，但由于看不到同学们的真实反馈，便会降低对教学效果判断的准确度，对同学们是否在认真听课也无从判断，更像是一个单方面信息的输出者，缺少了反馈的闭环，教课效果也大大降低了。

未来，随着元宇宙的到来，虚拟即现实，现实即虚拟。届时，在虚拟场景中进行学习将会彻底克服如今视频直播课程存在的弊端，从而真正达成与在现实世界学习一模一样的教育目标。"元宇宙＋教育"的融合发展诞生的一站式虚拟大学将会成为未来人们在元宇宙中学习的虚拟空间，这种虚拟教育方式比现实教育更有优势。

（1）更有包容性。届时不同年龄、不同背景、不同国家、不同语言、不同性别的人，人人都可以到一站式虚拟大学进行学习。

（2）选择性更多。在传统的现实教育中，学校的课程有固定的安排，师资是有限的，上课时间与下课时间是固定的，而元宇宙中的一站式虚拟大学将会给我们更多、更丰富的选择，每个人都可以在自己喜欢的任意时间选择自己中意的老师来参加任何一门课程的学习。

（3）可以提供更丰富、更低成本的学习场景。针对滑冰、滑雪等需要特定环境的运动或技能，虚拟现实场景可以为我们提供更方便、更低成本的学习场景。针对各种各样的实验、机械技术、人工智能技术等，在现实世界中的教育投资是巨大的，需要投入大笔资金采购专门的设备等，且学生在操作不当时可能会面临一定的风险，而元宇宙的虚拟场景则可以解决这一弊端，一方面，在虚拟现实中不管学生如何操作，他们都不会遭遇真正的危险；另一方面，只需要用数据就可以生成各种各样的设施、设备，在教育硬件的配备上成本会更低。

可以预见的是，未来虚拟教育一定会慢慢取代现实教育，进而成为元宇宙时代教育形态的主流。

元宇宙+学术：学术交流没有国界

在学术圈，"学术交流没有国界"一直是圈内人的口头禅，而实际上，在目前的现实社会中，这是难以实现的。

一方面，不同国家的学术发展水平不一，越是欠发达国家，学术成就越落后，而发达国家的很多先进学术成果并不愿意与欠发达国家进行交流或共享，即便是欠发达国家愿意花大价钱购买，也未必能如愿；另一方面，不同国家的学术研究条件千差万别，尤其是高精尖的学术研究，不仅需要投入大量的昂贵实验设备、实验器材，还需要巨额的投入经费，这就使得学术成果天然带有了"经济"属性，无偿共享给全世界人民根本是不可能的事。

此外，全球有如此多的国家，不同地区的人使用的语言不同、地理位置不同，进行跨国、跨语言的学术交流需要花费大量的成本，如差旅的经济成本、学习语言成本或翻译成本等。

总的来说，在当前社会大背景下，学术交流没有国界只是一个美好的想象。随着元宇宙技术的发展，让我们看到了真正无国界学术交流的希望和曙光。

基于区块链技术的元宇宙一定是"去中心化"的。届时，每一个学术人都将是充分的自由体，不会受到国家、科研机构的束缚，他们将完全拥有自己学术成果的权益，只要他们自己愿意，就可以参与元宇宙中的经济系统，通过学术成果来获得收益，这就会给学术自由交流创造充分的、良好的大环境。

元宇宙的虚拟实境技术可以大大降低学术研究的成本，所有昂贵的实验机器、实验设备都可以是一串代码、一串数字，我们无须花费巨额的金钱就可以获得与现实实验结果相同的结果，这种虚拟实境技术除了可以大大降低学术研发成本、减少学术实验耗材的消耗外，还可以避免因危险实验导致的人员健康损伤、人员伤亡等事故。学术成果背后成本的降低一定会大大推动学术研究领域的发展，从而为学术交流共享创造了条件。

此外，在元宇宙中，虚拟即现实，现实即虚拟。我们足不出户就可以轻松地与世界上任何一个人建立无障碍联系，既不必出行，也不必花费交通费用，更不必顾虑语言障碍，元宇宙中的人工智能或个人"智脑"可以轻松地帮助我们完成即时翻译，语言、地域再也不会构成交流的障碍。

在基于区块链技术的元宇宙中，每个人的权利与义务都是均等的，所有的学术成果都会上链并形成可全民共享的公共账本，所有学术成果共创、共享将会成为现实。

和地球一样，网络空间也是人类共同的活动空间，网络空间的前途命运不应掌握在某个个体或某个组织手中，而是应该由全人类共建、共享。未来，元宇宙也一定是全人类共建、共享的全新虚拟世界。届时，人类社会很可能会迎来真正意义上的"大同"。去中心化的元宇宙既不会被个体利益牵绊，也不会被任何一个利益集团控制，它是真正"为公"的，其自动运行的智能合约摒弃了人的情感影响因素，可以充分保证学术交流的公平、公正、公开，每个人的权益都将得到充分的保障。届时，学术交流没有国界将会真正成为现实。

元宇宙+医疗：排队看病成为过去式

近年来，为了提升大众的医疗服务水平，中国也实行了"签约家庭医生"制度。所谓"签约家庭医生"，就是指每个家庭都有一个固定的全科家庭医生，当遇到身体不舒服、出现疾病症状等情况时，我们可以通过拨打电话来快速联系医生，医生可以通过病人的远程病情陈述，做出一定的医学判断，并给出诸如服用什么药物、是否需要立即就医、需要做哪些紧急处理等诊疗意见。

如今，我们还处于一个医疗资源非常紧张的初级发展阶段。普通民众对自己的健康状况是缺乏认知的，除了一部分人具有定期体检的意识和慢性病患者会定期监测特定的健康指标外，绝大部分人对自己的健康情况是没有监测的。只有当身体出现症状时，才会寻求医疗系统的帮助。

目前，全世界所有的医疗系统都是以"治疗"为中心的，以"治疗"为中心的医疗系统主要存在以下三个方面的缺陷。

第一，医疗成本高。进入医院等医疗机构的人都是已经出现疾病症状的人，尤其是患有一些重大疾病，比如肿瘤、癌症等，往往一经发现就是中期或者晚期，这就使得医疗机构必须进行成本更高的治疗，如大量用药、进行手术、术后抗感染治疗、化疗等，这些治疗手段的经济成本都比较高昂。

第二，病人痛苦多。一般情况下，疾病潜伏期并没多少症状，疾病早期的症状也比较轻微，当疾病进入中期、后期时，症状会加剧，人需要承受的痛苦也会更多、更难以忍受，从而更影响其生活质量。以"治疗"为中心的医疗系统使得病人需要承受的痛苦更多，对病人身体健康的损害也更大。

第三，医疗资源浪费。在以"治疗"为中心的医疗体系之下，医生为了尽可能地保证治疗效果，往往会遵循"宁愿多给药"的原则，于是抗生素滥用、静脉注射广泛化、非必要手术等情况就出现了，这就造成了医疗资源上的浪费。

《黄帝内经》中有云："上工治未病，不治已病，此之谓也。"最高明的医生是能够在疾病暴发之前就将其消灭在无形之中，尽管早在古代中国就已经有了这么先进的健康理念，但一直到今天我们依然难以做到对自身健康的及时监测，"治未病"只能是一个非常美好的愿望。

值得高兴的是，随着人工智能、大数据等技术的快速发展，元宇宙时代将会到来。届时，只要依靠带有人工智能的可佩戴设备，就可以轻松地实现健康状况的全方位监测，且数字监测获得的所有信息都能够实时地上传到自己的元宇宙虚拟现实终端，当数据出现异常变化或可能出现异常变化时，人工智能就会立即给出提醒和注意事项。到那个时代，"治未病"将会成为现实。

AI 医生可以大大丰富医疗资源、健康数据监测可以更好地提高人民健康水平、元宇宙虚拟空间中就可以实现看病全流程……元宇宙让我们看到了一个医疗资源配置更高效、更合理的未来。

在元宇宙时代，所有的健康信息都是一串数据、一种数据流，超强算力可以充分收集和分析全民的健康数据，从而准确地估算出所需医疗资源的多少，进而科学匹配出更优的医疗资源匹配方案。届时，我们每个人都能够享受到更优质的医疗服务。

未来，随着元宇宙的到来，医疗 AI、可穿戴健康监测设备等将会走进我们每个人的生活。届时，如今以"治疗"为中心的医疗系统也会迎来一场颠覆性的革命，医疗系统的中心将会从以"治疗"为主转变为以"疾病预防"为主、"治疗"为辅，排队看病将会彻底成为过去式。也就是说，在元宇宙时代，健康保健会成为医疗的重点，这一转变不仅可以有效地解决如今医疗系统中成本高、花费大、痛苦多、医疗资源浪费等问题，还能够大大提升全人类的健康水平。

元宇宙+政务：虚拟政府高效管理

从出门逛商场、卖场买东西到足不出户在网上从海量商品中挑选自己所需，从带着钱包用现金支付等找零到一部手机买遍天下，从写信通过邮局与远方的朋友联系到通过一个视频就能面对面聊天……互联网给人们的生活带来了翻天覆地的变化。然而，互联网带来的变化远不止于此。在整个社会的背后，政府早就开始了一场拥抱互联网的革命。

（1）全国人口户籍信息全部上网，居民身份证、个人护照实现了全国通办。如今，凡是具备联网核查条件的或者以身份证、中国公民护照等身份证件为基础的办证事项，都已经实现了"全国通办"。

在中国这样一个经济快速发展、地区发展不平衡的国度，流动人口早已经成为一股主流力量。据相关统计，在 14 亿多人口中，流动人口就超过了 2 亿，也就是说，几乎在 7 个人当中，就有 1 个是人户分离的流动人口。

如何对如此庞大的流动人口进行管理是对国家政务管理能力的一个挑战。互联网无疑成为最高效的管理工具，公民信息网络化，加之手机号码实名制，两者组成的数据网能够很好地克服人户分离带来的人口管理压力，同时大大提升了管理效率。

体现到个人身上，从丢失身份证必须回户籍所在地补办到全国各地的公安机关都可以补办，尽管只是一个非常微小的变化，但在这种微小变化的背后，实际上是国家庞大人口管理体系的一次数字化升级。

（2）随着计算机和互联网的加持，税务系统、银行系统等变得更加现代化。曾经，企业开票都是手写发票，而后逐渐演变成了机打发票；如今，电子发票逐渐成为主流，在手机端就可以实现开票，从纸质发票到电子发票，不仅仅是可以节省纸张、变得更加环保了，还大大提高了企业的开票效率，促进了整个社会的经济发展。曾经，存款、取款等基础性业务需要持证件与存折到银行柜台办理；如今，连办理各种业务的自助机都在慢慢"失宠"，手机银行、网上银行的应用使得很多业务通过网络就可以办理。

2019 年，个人所得税横空出世，这是国家税务总局开发的自然人网上办税服务平台，从申报纳税到查询纳税记录，再到打印完税证明，自然人足不出户就可以网上办理个人所得税事项。

个税所得税、以支付宝为依托的芝麻信用、银行等金融机构的征信系统……一个基于互联网形成的个人信用系统正在逐渐成形。

…………

政府的数字化转型已经成为引领数字经济和数字社会发展的重要抓手。2019 年 5 月，国家政务服务平台上线试运行，这是全国一体化政务服务平台的总枢纽，平台联通了 32 个地区和 46 个国务院部门，可以为公民个人和各类企业提供多样化的基础线上服务。近几年，"数据多跑路，群众少跑路""一网通办""智慧政务"越来越多地出现在政府的各种会议、报告之中，数字中国、数字政务的雏形已经逐渐显现。

作为互联网的更高级形态，"元宇宙＋政务"将会碰撞出一种崭新的政府管理模式。在基于区块链技术的元宇宙中，更低成本的信任机制、可自动运行的智能合约、可随时共享的公共账本都将会大大提升政务管理效率。此外，随着元宇宙的发展，一定会出现虚拟政府，在一个去中心化的元宇宙生态中，维持虚拟政府运行的必然少不了人工智能，它们的加入将会大大降低政务管理的成本，从而进一步提升管理效率。届时，我们在需要办理政务服务时，很可能只需要与个人的智能管家交代事务，智能管家便可直接与政务人工智能对接并即时完成办理。元宇宙将会给政务管理带来一场颠覆式的革命，未来已来。

后记　区块链支持下的元宇宙才是未来

流量见顶、互联网发展进入存量竞争阶段，这已经是业内共识。截至 2020 年 6 月，移动互联网的独立设备数为 14.26 亿台。由此可见，中国已经实现了人均一台移动上网设备。

目前，人们上网时间基本上已经稳定在一个比较固定时长的范围内，且随着平台等数量的增多、抢夺流量竞争的加剧，用户在单个应用上花费的时间将会呈现下降趋势。

在这样的大环境下，各大互联网巨头都在找寻新的商业增长点。互联网、移动互联网的发展已经进入瓶颈期，如何实现技术上的重大突破以及如何用新技术去解决互联网发展带来的个人信息安全、虚假信息泛滥、信息孤岛、病毒攻击等一系列问题，已经成为亟待解决的大问题。

如今的网络已经越来越不能满足人们日益增长的多样化需求了，而元宇宙则被公认为是最可能成为改变世界的下一代新技术。

在元宇宙时代，虚拟即现实，现实即虚拟。当现实与虚拟之间的界限被打破，我们将会迎来一场彻底颠覆性的变革。

元宇宙打造虚拟世界的目的不是让人变得越来越假，而是让这个世界变得越来越真实。因此，只有区块链技术支持下的元宇宙才是未来。

从现在的社会管理角度来讲，每个人都可以像黑客一样在线上无法无天，这对整个人类社会而言是没有任何好处的。元宇宙的虚拟世界首先是基于真实的地理信息建立的，未来它一定且必须是去中心的。只有是去中心化的，才有可能真正做到全球互联。如果是一个中心化的元宇宙，哪个国家说了算，或者哪个公司说了算，都会存在严重的隐患。

未来，如果元宇宙真的在这个世界实现，那么它一定是去中心化的，而且是一个自治生态，每个人都可以在线上的虚拟世界中创造价值，而且这种价值可以反哺到现实社会，不是跟现实社会脱离。届时，每个自然人的生命不仅都可以被激发，而且都可以充分满足自我实现的需求。

未来，区块链支持下的元宇宙很可能会带领我们进入一个世界大同的时代，让我们一起期待这一天的到来！